gutes leben
bene!

Gertrude von Holdt

Die Halligpastorin

GESCHICHTEN ZWISCHEN
HIMMEL UND NORDSEE

Dieses Buch ist der Hallig und ihren Bewohnern, meinen Kindern und Enkelinnen gewidmet. Der Hallig möchte ich danken, dass sie mir noch einmal unbändige Freude am Leben geschenkt hat. Den Bewohnern, weil ich mich nicht verbiegen musste, sondern sie mich so sein ließen, wie ich bin. Wir wurden ein gutes Team. Und es ist mir eine Ehre, hier bei ihnen sein zu dürfen.

Meinen Kindern danke ich, dass sie mich in ein »neues, eigenes« Leben haben ziehen lassen. Meinen Enkelinnen, für die Hooge ein einziger großer Abenteuerspielplatz ist, auf dem »Oma Hooge« wohnt, wünsche ich, dass diese Hallig ihnen im Gedächtnis bleibt. Nicht nur als schöne Kindheitserinnerung, sondern auch als Wiege ihrer Familie.

INHALTSVERZEICHNIS

PROLOG

Je älter ich werde, umso häufiger denke ich über meine Träume und Vorstellungen nach, die ich als junge Frau hatte. Ich wollte reich und anerkannt werden, berühmt als Malerin, und wenn das nicht klappt, dann wollte ich wenigstens eine gute Chirurgin werden. Ich wurde weder das eine noch das andere.

Dafür wurde ich Arztfrau, vierfache Mutter, siebenfache Großmutter, Hauswirtschaftsleiterin, Arzthelferin und Röntgenassistentin. Ich war zuständig für das Personal und die Abrechnung in der orthopädischen Praxis meines Ehemannes. Ich wurde Lektorin, Prädikantin und letztendlich auch Seelsorgerin einer kleinen Gemeinde.

Mit 61 Jahren beschloss ich, mein Leben noch einmal umzukrempeln, und zog auf die Hallig Hooge. Ich ging zurück an den Ort meiner Kindheit, konnte eintauchen in die Welt, die ich vor fast 50 Jahren verlassen hatte, als hätte es nie ein Dazwischen gegeben.

Mich erfasste ein Staunen: Nirgendwo sind mir die Menschen so nah und wichtig wie hier. Nirgendwo ist das Feiern so ausgelassen wie hier. Nirgendwo ist der Himmel höher, das Wasser weiter, das Land grüner. Nirgendwo ist mir Gott so nah. Es ist, als wäre ich in einem Kloster unter freiem Himmel. Ohne viele Fragen zu stellen, wurde ich von den Halligbewohnern in ihrer Mitte aufgenommen.

In diesem Buch erzähle ich Geschichten von meinem Leben auf der Hallig. Sie handeln von den Bewohnern und ihren Vorfahren. Seit Generationen trotzen die Bewohnerinnen und Bewohner von Hooge den Naturgewalten. Menschen, die dickköpfig und trotzdem liebenswert, wettergegerbt und trotzdem sanft sind.

Es sind Geschichten vom Ende der Welt – geprägt von der Natur, Wind und Wellen.

1
MEHR, ALS WIR FASSEN KÖNNEN

Hooge ist für mich mein Wasserland, wild, unbezähmbar, aber nie beängstigend.

Hoher Himmel überspannt die Weite des Wassers und die kleinen Flecken Land von Halligen und Inseln in der Nordsee. Der Himmel verändert sich ständig. Mal scheint er lieblich und betörend, strahlend blau mit weißen Tupfen – dann wieder bedrohlich. Die Wolken ziehen als dicke graue Suppe mit drohenden Grimassen auf, formieren sich zu hoch aufgetürmten Gebirgen. Die See ist aufgewühlt. Doch wenn man genau hinsieht, hat der Himmel Fenster, die einen Blick auf das *Dahinter* zulassen.

Auch die Sonne stimmt in das vielfältige Himmelsspiel ein. Sie kann strahlen und leuchten, aber auch gespenstisch glimmen, als wäre sie in einem Ring gefangen. Ihre ganze Pracht breitet sie am Abend aus. Der Sonnenuntergang verbindet gleißend rot Himmel und Erde.

Hört sich nach Postkartenkitsch an! Aber es ist wirklich so schön und jeder, der es erlebt, behält das Bild im Herzen.

Wenn die Sonne abgetaucht ist, fluten die Sterne den Himmel. Der Mond steigt im Südosten wie ein roter Ballon aus dem Wasser, nach kurzer Zeit färbt er sich weiß und zieht seine Bahn über den Nachthimmel. Selbst wenn ihn Wolken verdecken, dringt sein Schein hindurch und erhellt die Hallig. Ich lege den Kopf in den Nacken und staune über ihre Vielfalt. Auf der Hallig gibt es keine Straßenbeleuchtung und keine flackernden Reklamelichter. Nichts kann die Leuchtkraft der Sterne schlucken.

Die Hallig wirkt klein, verloren und unscheinbar inmitten der Nordsee. Im Winter ist die Erde grau oder braun und nur selten weiß. Es scheint, als hätte ein Flugzeug Asche über das Land gestreut.

Im Sommer explodieren stattdessen die Farben: Lila, Rot, Rosé, Gelb und sattes Grün. Rostrot kommt der Herbst daher. Die Jahreszeiten in ihrem Farbenspiel zu durchleben, erfüllt mich immer wieder. Ich kann mich nicht daran sattsehen.

Die Luft ist würzig und salzig. Bei Ebbe streicht ein süßlich-herber Duft vom Seegras und Tang über das Land. Nach einem Sturm überzieht eine feine Salzschicht Fenster und Gartenmöbel. Wir riechen, schmecken und fühlen die Luft.

Wenn Halligwermut, Gras und Klee das Land in allen Grüntönen bedecken, duftet die Hallig, als hätte sie sich frisch gewaschen.

Möwen keckern und lachen, Gänse schreien, Seeschwalben zetern, Spatzen schimpfen und Stockenten schnattern. Die Eiderenten singen eine sanfte Melodie, zaghaft klingt das Tschilpen des Zaunkönigs, lieblich die Amseln und jubilierend die Lerchen. Mit spitzen Schreien rufen die Strandläufer und geradezu aufgeregt tönen die *Kedit-Rufe* der Austernfischer. All die Vogelstimmen werden vom Brausen und Singen des Windes begleitet und dem stetigen Rauschen des wogenden Wassers. Der Chor ist meisterhaft in seiner Intonation!

Und trotz all dieser Geräusche übermannt mich auf der Hallig von Zeit zu Zeit die Stille, die mich immer wieder innehalten lässt!

Das Meer ist für uns Hooger nicht der weite Ozean, sondern das oft unbändige Wasser der Nordsee. Es umgibt uns und durchzieht in kleinen und großen Gräben, den Flieths, das Land. Die abgerissenen Kanten an den Flieths zeugen von der Gewalt des Wassers.

Das Kommen und Gehen des Wassers bestimmt das Leben und diesem Rhythmus unterwerfen sich die Bewohner seit der ersten Besiedlung. Gott muss eine unbändige Freude verspürt haben, diese Wunderwelt zu erschaffen. Anders kann ich mir die Schönheit nicht erklären.

Mich lehrt das Wasser auch Demut – jeden Tag aufs Neue. Ich bin mittendrin und fühle mich angesichts dieser Fülle ganz klein, obwohl ich mich doch wie die meisten Menschen eigentlich groß und stark fühlen möchte. Aber ich kann das Kleinsein ohne Zaudern annehmen, denn Gott hat mir Augen und Ohren für die Fülle des Lebens auf der Hallig geöffnet. Ich lebe in einem Paradies aus Himmel, Erde, Luft und Meer. Doch dieser wunderschöne Ort wird von Menschen bewohnt – ein Paradies mit Schwächen, Fehlern und Nöten.

2
BIIKEBRENNEN

Es ist ein klarer, kalter Abend im Februar. Die Sonne ist vor einer Stunde untergegangen. Gleich entzünden sie das Feuer. Reisig, klein geschnittene Äste, alte Weihnachtsbäume und Adventsgestecke türmen sich zu einem Haufen. Hoch oben auf der Spitze steht eine Strohpuppe.

»Biikebrennen« – seit Jahrhunderten wird es am 21. Februar, einen Tag vor St. Petri, dem Thing-Tag, auf den Halligen und Inseln und an der gesamten Nordseeküste entfacht. Früher wurde am Thing-Tag Gericht gehalten, über Verfehlungen, Diebstähle, Nachbarschaftsstreitigkeiten.

Mit den Biikebrennen sollte nicht nur der Winter vertrieben werden, es waren auch Leuchtfeuer für die Seefahrer und Walfänger auf dem Weg von den Halligen und Inseln zu den großen Häfen nach Hamburg oder Amsterdam, wo sie andere, größere Schiffe bestiegen, die sie nach Übersee brachten. Die Heuer sollte sie und ihre Familien ein weiteres Jahr versorgen. Und niemand wusste, wie diese Reise enden würde.

So waren es auch Abschiede, die an der Biike gefeiert wurden.

Die Biiken brannten an den Ufern bis zur Elbmündung, um den Zubringersegelschiffen das Geleit zu sichern. Die Fahrt war gefährlich, nicht nur wegen der unbeständigen Wetterbedingungen – denen konnten die Seeleute trotzen –, sondern auch der finsteren Gestalten wegen, die auf zwielichtigen Schiffen unterwegs waren, um etwas Glück und Reichtum zu ergattern.

Ich schaue mich um. Auch heute sind wieder dunkle Gestalten unterwegs. Aber natürlich droht keine Gefahr. Wenn das Feuer brennt, schmieren die Kinder den Besuchern die Gesichter mit Ruß ein – ein Brauch, der Glück bringen soll. Später essen alle den traditionellen Grünkohl und trinken Teepunsch.

In kleinen Gruppen stehen wir beieinander und schauen nachdenklich auf die Flammen. Anton versorgt uns mit fragwürdigen Getränken. Er ist ein Filou. Jedes Jahr bringt er unzählige angebrochene Flaschen verschiedenster Schnäpse mit, die er im letzten Jahr nicht ausgetrunken hat. Ich mag überhaupt keinen Schnaps, doch plötzlich habe ich ein Glas in der Hand und einen grinsenden Anton vor mir!

Gedankenverloren hänge ich meinen Erinnerungen nach. In den letzten Jahrzehnten hat sich vieles auf Hooge verändert. Die Halligbewohner leben heute vom Tourismus, aber vor 100 Jahren lebten sie fast alle von der Schifffahrt.

Zwischen dem 17. und 19. Jahrhundert war die Blütezeit der Seefahrt auf den Halligen und Inseln. Zuvor lebten die Menschen von der Landwirtschaft und vom Fischen. Es war ein mühseliges und entbehrungsreiches Leben. Die Seefahrt brachte einen bescheidenen Wohlstand, doch die Gefahren für die Männer und ihre Familien, so sie eine hatten, waren groß. Von Februar bis zum Herbst gingen alle gesunden Männer auf große Fahrt. Als Kapitäne, Decksmänner, Segelmacher, Harpuniere, »Kochs« (Köche) und »Smutjes« (der Jüngste in der Kombüse) fuhren die meisten auf Handelsschiffen, nur wenige Männer von der Hallig auf Walfängern. Keiner wusste bei der Abreise, ob man sich wiedersehen würde. Ob der Ehemann, Vater oder Sohn gesund nach Hause kam. Doch trotz der Gefahr wagten die Männer immer wieder aufs Neue eine Fahrt ins Ungewisse.

*

Ich blicke über die dunkler werdende Hallig in Richtung Eiwall, dem früheren kleinen Halligghafen, und sehe sie plötzlich vor mir – eine Szene von vor 200 Jahren: Kleine Kinder, alte Frauen und Männer umringen ihre Väter, Ehemänner, Söhne und Enkel, die in See stechen wollen. Die Seefahrer stützen sich auf ihren Seesack, in dem sie ihre Habe verstaut haben. Zu ihren Füßen steht ein Korb mit Proviant für die Zubringerfahrt. Sie warten stumm auf den Segler, der sie nach Hamburg bringen soll.

Je näher die Zeit des Auslaufens heranrückt, umso bedrohlicher wirkt die Fremde. Doch bei der Verabschiedung wird kaum eine Miene verzogen. Man gibt sich die Hand, die Mutter streicht ihrem Mann und ihrem Sohn vielleicht noch einmal übers Haar. Sie gehen an Bord, der Segler legt ab.

Eine Weile können die Männer an Bord bei der Ausfahrt noch die Gesichter der Zurückbleibenden erkennen. Doch dann verschwimmen diese bis zur Unkenntlichkeit und es ist nur noch die Silhouette der Hallig zu sehen.

Wie gerne würden sie umkehren, zurück in ihre kleine, vertraute, überschaubare Welt. Manch einer sehnt sich schon jetzt nach seiner Frau, den Kindern und Freunden. Aber es gibt kein Zurück.

Auch wenn sie die Fahrt jedes Jahr aufs Neue unternehmen, steigert sich die Unsicherheit und Angst mit jeder Seemeile. Was erwartet sie diesmal? Allein schon das Ankommen in Hamburg ist beängstigend. Dort ist alles anders als zu Hause: Menschen über Menschen, laute Geschäftigkeit am Hafen, hastiges Gewusel und eine unübersichtliche Anzahl großer und kleiner Segelschiffe.

Die erste Anlaufstelle nach der Ankunft ist das Heuerbüro. Ein dunkler, ehrwürdiger Ort, an dem ein Mann die Namen der Seeleute, die sich verdingen, in einem großen Buch notiert. Vorher einigt man sich auf die Heuer, dann verpflichtet sich jeder Einzelne dem Kapitän mit seiner Unterschrift im Kontrakt, der geschlossen wird.

Endlich steigen die Seeleute über das Fallreep zu »ihrem« Schiff hoch. An Bord ist alles düster, eng und erst einmal fremd. Unter Deck werden ihnen ihre Hängematten gezeigt, die sie sich zu zweit teilen müssen. Der Kapitän begrüßt die Mannschaft und gibt das Kommando zum Ablegen. Die Taue werden eingeholt, die Matrosen klettern in die Wanten, die Segel werden gehisst und das Schiff löst sich vom Kai. Der Jüngste wird zum Koch in die Kombüse geschickt. Die anderen scheucht der Maat herum. Es geht los!

Manche kämpfen mit der Seekrankheit und versuchen vor allem, ihre Arbeit gut zu machen, um nicht aufzufallen. Nachts weinen sich die Jüngsten vor Heimweh in den Schlaf. Alle leben mit einer ständigen Bedrohung und Überforderung.

Die Arbeit ist hart. Bei Sturm, Wind, hoher See und dem sich aufbäumenden Schiff müssen die Matrosen hoch in die Wanten. Das Deck ist rutschig vom

Salzwasser, die Hände steif vor Kälte. Der Sturm reißt ihnen die gerufenen Kommandos von den Lippen, die Müdigkeit droht sie zu übermannen, Hunger und Durst sind allzeit gegenwärtig. Der mitgebrachte Proviant – Gemüse, Käse, Wurst, gepökeltes Fleisch oder eingesalzene Krabben – bleibt nicht lange frisch. Das Wasser muss abgekocht werden, weil es längst brackig geworden ist. Das Brot ist schimmelig, die Butter ranzig. Trotzdem wird alles verarbeitet und gegessen. Es bleibt keine Wahl. Die einzige frische Kost sind geangelter Fisch oder erlegte Robben.

In ihrer knapp bemessenen Freizeit schreiben die Schiffsfahrer Briefe an ihre Familien zu Hause, Briefe, die meist nie abgeschickt werden. Auf jedem Schiff ist eine Bibel, aber nur der Kapitän liest aus ihr vor – sonntags zum Gottesdienst. Trotz der harten Arbeit und wenigen Freizeit führen einige Seeleute Auftragsarbeiten aus Holz für die Kirche aus, wie die zwei ehemaligen Gestühlstüren in der Kirche St. Johannis auf Hooge.

Wenn das Wetter stürmischer wird und die Tage kürzer werden, wissen die Männer: »Bald geht es nach Hause!« Bevor sie an Bord des Zubringerschiffes gehen, füllen sie die Seesäcke mit Andenken und Gebrauchsgegenständen für ihre Lieben. Die Mitbringsel der »gemeinen« Mannschaft beschränken sich auf Alltägliches: Steingutgeschirr, Linnen für

Bettbezüge, vielleicht eine schöne Teekanne oder, wenn noch ein bisschen Geld übrig ist, eine Dose Kakao. Ansonsten haben die Männer während der Zeit auf See für die Kinder kleine Figuren geschnitzt. Die Kapitäne bringen edle Möbel mit, Porzellan, feine Stoffe, Messingleuchter und Delfter Kacheln, um ihre großen Häuser zu schmücken. Die Gedanken sind voller Erinnerungen an Orte, deren Existenz man nur glauben kann, wenn man sie selbst gesehen hat, wie die wunderbaren Häuser und Kirchen in Amsterdam, Den Haag oder Brighton.

Dann stehen sie wieder alle hier am Anlegesteg auf Hooge: Ehefrauen, Mütter, Kinder, Geschwister, Großeltern. Sie hoffen, dass derjenige, auf den sie warten, auch wirklich zurückkehrt.

Wie groß muss die Freude gewesen sein, wenn man die Segel in der Ferne sah?

*

»No, Tutje, weerst du mit din Gedanken unnerwegens?« Ein freundschaftlicher Stoß in die Seite lässt mich unsanft in die Gegenwart zurückkehren. Es ist Anton, der mir wieder ein Gläschen Köm reicht.

»Unnerwegens, jo, dat weer ik wull.«

Ich lache, nehme das Glas, kippe den Schnaps in einem Zug hinunter und freue mich sogar über das leichte Brennen im Hals. Das tut bei dieser Kälte gut.

Jedes Jahr am 21. Februar stehen die Menschen kurz nach Sonnenuntergang um die Biike. Für viele ist es nur ein Relikt aus alter Zeit. Aber es ist mehr. Viel mehr. Es ist ein Symbol für den Aufbruch.

Für die Männer damals war es zwingende Notwendigkeit, zur See zu fahren, sie und ihre Familien brauchten das Geld. Aber sie hätten sich dem Risiko wohl nicht immer wieder ausgesetzt, wäre da nicht auch die Sehnsucht nach der Ferne, dem anderen, dem Unbekannten gewesen. Von meinen zur See fahrenden Vorfahren, meinem Großvater und Vater weiß ich, dass sie zeit ihres Lebens mit der »See« eng verbunden waren. Sie hätten sich kein anderes Leben vorstellen können.

Wenn ich an der Biike stehe, denke ich daran, dass ich in der langen Reihe derer stehe, die mir vorausgegangen sind. Dass ich zu den Menschen gehöre, die stark, unbeirrt, nie verzagt und mit Gottvertrauen an einem Leben festhielten, das seinesgleichen suchte. Menschen, denen ich in meiner Suche, Sehnsucht und Stärke ähnlich bin, auch wenn ich immer wieder einmal nicht mehr weiterweiß.

3
VERGISS ES NICHT

Mein Leben verlief anders als gedacht, aber es war gut und wunderbar und nichts möchte ich missen. Denn alles gehört zu mir: Aufbrüche und Umbrüche, Umwege und Sackgassen, Neugier und Lust auf Leben, Zuversicht und mein Kinderglaube an einen Gott, der mich hält.

Als kleines Mädchen ging es mir sehr gut. Ich war das erste Enkelkind und meine zwei Großväter schenkten mir ihre ganze Aufmerksamkeit. Der Großvater mütterlicherseits, der auf Pellworm lebte, nahm mich frühzeitig an die Hand und zeigte mir auf unseren Spaziergängen am Deich die Wunder der Natur. Seine Worte habe ich bis heute nicht vergessen: »Allns, wat du hier an Schönes sühst, kümmt von baaben. Vergät dat nich.« (Alles, was du hier an Schönem siehst, kommt von oben. Vergiss es nicht.)

Ich habe drei jüngere Brüder und nach der Geburt des ersten war klar, dass die schöne Zeit als verhätscheltes Mädchen zu Ende war. Ich hatte zu Hause viele Pflichten, sei es auf meine Brüder aufzupassen, meiner Mutter im Haushalt zu helfen und bei alldem nicht »unartig« zu sein. Sonst nahm mein Vater mich sonntagmorgens nicht mit zur »Börse«, das war der Treffpunkt der Schiffer und Fischer.

Mein Großvater väterlicherseits lebte auf Hooge und war Seehundjäger, wie schon sein Vater und Großvater. Er hatte das schönste Lachen und es klingt noch immer in mir. Mit ihm fuhr ich auf Jagd und zu anderen Halligen. Ich sah zu, wie er die Seehunde vom Speck befreite und diesen dann abkochte. Der Gestank waberte über die ganze Warft und den Tran musste ich im Winter trinken. Ich kniff die Augen zu, rümpfte die Nase und würgte es hinunter. Die Erwachsenen sagten: »Stell di nich so an, dat is gesund. Dorvun warrst du groot un stark!«

Meine Oma betrieb zusammen mit meinen beiden Tanten ein Café und bewirtete die Gäste, die in der Saison auf die Hallig kamen. Meine gesamten Ferien verbrachte ich auf Hooge und genoss die Freiheit. Hier hatte ich keine Pflichten. Den ganzen Tag stromerte ich mit den Mädchen von der Warft durch die Hallig. Wir banden Kränze aus Gänseblümchen und badeten so lange im Meer, bis die Lippen blau wurden und die Haut der Finger und Zehen verschrumpelt war. Nur zu den Mahlzeiten musste ich bei den Großeltern erscheinen, dann aber mit ordentlich geflochtenen Zöpfen und sauberen Händen. Sonntags ging ich mit meiner Großmutter zum Gottesdienst, ansonsten konnte ich tun und lassen, was ich wollte.

Aber alles hat seine Zeit und meine auf Hooge endete, als meine Großmutter starb und mein Onkel Café und Jagdrechte übernahm. Es tat weh und ich habe Hooge sehr vermisst. Das war der erste große Bruch in meinem Leben.

*

Als die Frage nach einer weiterführenden Schule aufkam, war mein Vater der Ansicht, dass noch mehr Bildung nur vertane Zeit und rausgeschmissenes Geld wäre. Letztendlich verdanke ich meinem Klassen- und Deutschlehrer, dass ich weiter zur Schule gehen durfte. Ich kam auf das Theodor-Storm-Lyzeum in Husum. Es war eine reine Mädchenschule und hieß auf Plattdeutsch: Tiepeschool Tetje Wind (Hühnerschule Theodor Storm).

Da saß ich nun mit meinen blonden Zöpfen und hatte keinerlei Erfahrung mit Mädchen, deren Väter Ärzte, Rechtsanwälte und Bauunternehmer waren. Die Mädchen erzählten, wie wunderbar ihr Zuhause war und was für tolle Autos die Eltern fuhren. Wir hatten kein Auto, aber dafür ein Schiff, mit dem mein Vater Sand und Muscheln aus der Nordsee holte oder Stückgut transportierte. Aber das zählte scheinbar nicht. Trotzdem machte die Schule Spaß und ich sog alles Neue begierig auf. Allerdings tat ich selten mehr als nötig. Mein Französischlehrer brachte es dann in einer Stunde, in der ich wieder einmal keine Vokabeln gelernt hatte, auf den Punkt: »Sie haben so etwas, was man als Intelligenz bezeichnet, Gertrude, nur schade, dass Sie sie nicht nutzen.« Dem konnte ich nichts hinzufügen und so blieb es auch im Studium. Irgendwie kam mir immer der Hunger auf Leben und Abenteuer dazwischen. Es fiel mir sehr schwer, mich unterzuordnen, das zu tun, was ich nicht wollte. Mich zog es in die Ferne, ich wollte reisen, nicht wie mein Vater in einer immerwährend gleichen Schleife leben. Und ich habe Bücher gelesen, um meinen Horizont zu erweitern.

*

Als der Mann, der mir sehr viel bedeutete, sich das Leben nahm, brach für mich eine Welt zusammen. Ich versiebte das Physikum, wusste nicht weiter, nahm mir eine Auszeit und arbeitete auf dem Frachter meines Onkels als Schiffskoch. Die Reise half mir, meine Gedanken und Gefühle zu sortieren. Ich fand zurück in den Alltag und ich lebte mein Leben weiter, allerdings mit einer dicker werdenden Mauer als Schutz um meine Seele. Mit den Jahren wurde sie immer undurchdringlicher.

Ich absolvierte ein Studium generale, lernte meinen späteren Ehemann kennen und wurde Mutter. Meine Kinder waren das Beste in meinem Leben. Die Jahre vergingen als Familienfrau.

Eines Tages fragte mich meine Tochter, warum ich so hart zu ihr sei. Die Frage war wie ein Peitschenschlag. Ja warum? Vielleicht war es aus Angst, wieder jemanden zu verlieren und verletzt zu werden? Ich begann mich und meine Lebensführung zu hinterfragen und ganz allmählich wagte ich kleine Schritte der Veränderung, neugierig, wohin sie mich führen würden.

Während ich meine Kinder durch die Konfirmandenzeit begleitete, besuchte ich wieder öfters den Gottesdienst. Oft kam ich enttäuscht nach Hause, weil das, was der Pastor von der Kanzel auf die Besucher niederprasseln ließ, hochtheologisch war und keinerlei Bezug zu unserem Leben hatte. Ich fragte mich, wer damit etwas anfangen konnte. Und ich überlegte, dass ich es ganz anders machen würde… Diese Gedanken brachten mich zur Lektoren- und weiter zur Prädikantenausbildung.

Mein Leben kennt tiefe Brüche: der Selbstmord meines ersten Partners, der Unfalltod meines Bruders, der Tod meines Vaters und das Scheitern meiner Ehe. Unsere Beziehung war eher ein Nebeneinander als ein Miteinander. Trotzdem hielt ich zehn Jahre an ihr fest, denn ich wollte mein Eheversprechen nicht brechen. Es hat mich unendlich viel Kraft gekostet.

Der tiefste Bruch war aber der Tod meines ältesten Sohnes. Wir hatten ein sehr inniges Verhältnis.

Es war ein Segen, dass ich zu dieser Zeit während meiner Prädikantenausbildung in einer vertrauten Gruppe Geborgenheit fand und mich in meinem Leid fallen lassen konnte. Auch meine Kinder taten alles erdenklich Gute für mich, obwohl sie selbst durch Trauer und Entsetzen wieder einen Weg in die Normalität finden mussten.

Die Gottesdienste, die ich damals hielt, waren meine Art der Trauerbewältigung. Immer wieder fanden auch Gedanken über meinen Sohn Eingang in die Predigt, ohne dass es die Gemeinde merkte. Ich sprach von Geborgenheit – und dachte daran, wie gut es war, in meinem Schmerz bei Gott Halt zu finden. Jedes Mal, wenn ich auf der Kanzel stand, hatte ich das Gefühl: Das bin ich! Hier darf ich so sein, wie ich bin.

Gott ist gnädig. Ich konnte dankbar annehmen, dass Gott meinen Sohn zu sich geholt hat, auch wenn er mir immer fehlen wird.

*

Im August 2009 bin ich auf einer Hochzeit und sitze mit einigen befreundeten Pastoren und unserem

Propst, der mich zum Predigen gebracht hat, an einem Tisch. Es geht um dies und das, meine Gedanken schweifen ab, bis plötzlich der Propst in die Runde fragt: »Kennt ihr vielleicht jemanden, der die Vakanzvertretung für Hooge übernehmen kann? Der Pastor dort geht bald in den Ruhestand.«

Spontan sage ich: »Ich würde die Aufgabe gerne sofort übernehmen, aber ich darf ja nicht.«

Drei Tage vergehen. Ich sitze mit meinem Hund Paris im Strandkorb und genieße die Sonne, als das Telefon klingelt.

Der Propst ist am Apparat: »Ist es dir ernst mit Hooge? Ich habe alles für dich mit dem Kirchengemeinderat geregelt. Von den Bischöfen habe ich die *pro-loco-* und *pro-tempore-*Genehmigung eingeholt. Du darfst jetzt als Prädikantin taufen und die Einsetzungsworte für das Abendmahl sprechen.«

Doch ich zögere und zweifle an mir selbst. Am nächsten Tag rufe ich den Propst zurück und bringe es in einem kurzen Satz auf den Punkt: »Ich kann das nicht.«

Aber er lacht und antwortet: »Wenn ich nicht wüsste, dass du es kannst, hätte ich nicht alles längst in die Wege geleitet.«

Im Spätherbst ziehe ich auf die Hallig. Die Vakanzvertretung ist zunächst für ein Vierteljahr geplant, daraus wird ein halbes, bevor der neue Pastor seinen

Dienst antreten kann. Es ist eine gute Zeit. Ich bleibe weiterhin, arbeite viele Jahre wie eine Pastorin, obwohl ich keine Theologie studiert habe. Einen Talar trage ich bis heute nicht. Zu einer Kirchenrätin, die danach fragt, sage ich: »Was würden die Hooger sagen, wenn ich nach so langer Zeit plötzlich einen Talar trage? Sie würden die Köpfe schütteln und grummeln: Wat schall dat denn? Is se nu totaal mall wurrn?« (Was soll das denn? Ist sie nun total verrückt geworden?)

Und ich würde mir im Talar ehrlich gesagt auch verkleidet vorkommen, als wäre ich jemand anderes. Entscheidend ist doch auch nicht das, was man trägt. Es kommt auf die Wahrhaftigkeit an – dass das, was man sagt, und das, was man tut, im Einklang stehen.

4
DER RICHTIGE PLATZ

Meine erste Wohnung auf Hooge ist klein, hässlich und meistens kalt. Auf alle Fälle ist sie sicher, falls eine Sturmflut kommt – und das ist die Hauptsache. Ich lebe in einer sogenannten Sturmwohnung. Sie ist auf vier Betonpfählen gebaut, die tief im Boden verankert sind. Seit der großen Flut von 1962 muss jedes Haus über einen sturmsicheren Raum verfügen.

Neben der Wohnstube habe ich eine sturmsichere Küche und ein sturmsicheres Klo. Ich laufe über einen laubfroschgrünen Noppenteppich und sitze mit meinen Gästen auf blauen Stühlen ohne Polsterung. Der Kleiderschrank ist alt, der Schreibtisch steht ungünstig, weil man selbst Schatten auf die Tischfläche wirft, wenn man daran sitzt; der Fernseher auf dem Sideboard war vor 40 Jahren modern.

Weil ständig die Heizung ausfällt, ist es in der Wohnung kaum wärmer als draußen. Ich kuschele mich in mein Federbett oder wärme mich im Untergeschoss im Büro. Unter meiner Wohnung liegt das Pastorat mit einem Raum, der als Büro genutzt wird, als solches aber nicht auf den ersten Blick erkennbar ist. Es ist einfach ein Raum mit einer Glühbirne an der Decke, Regalen mit Ordnern, einem alten Schrank und einem Telefon. Auf dem Boden stapeln sich Schnellhefter mit Unterlagen. Im Schrank liegen originalverpackte Leichenhemden. Es ist mehr eine Rumpelkammer als ein Büro, doch der Raum ist immerhin warm. Dann gibt es noch den »Pesel«, die gute Stube des Pastorats – und die wird beheizt. Einen Schreibtisch überlässt mir der Lehrer des Ortes – einen Gartentisch, den im Winter niemand benutzt. Egal, ich habe alles, was ich brauche, und es kann mir nicht besser gehen: Schließlich bin ich zu Hause – auf Hooge.

Aus meiner Sturmwohnung schaue ich in nordwestlicher Richtung über die Schleuse bis zum Wasser. Wenn ich unten in meinem Büro bin, geben die Fenster den Blick frei auf Hanswarft und Norderoog sowie den Glockenturm und den Friedhof.

Noch nie zuvor habe ich in Nachbarschaft mit den Toten gelebt, aber es ist weder befremdlich noch beängstigend. Im Gegenteil, viele Verstorbene sind mir irgendwie vertraut. Ich kannte sie persönlich oder wenigstens vom Hörensagen. Ihre Geschichten begleiten mich, sind auch mit meiner eigenen Geschichte verwoben. Hier haben alle ihre letzte, friedliche Heimat gefunden.

Über Jahrhunderte hinweg waren alle Ländereien auf Hooge »Allmende-Land« – Land, das allen gehört. Um jedem Bewohner der Hallig gerecht zu werden, wurde das Land jährlich neu verteilt.

In den 1930er-Jahren führte man privaten Landbesitz ein. Die Kirchengemeinde kaufte die Kirchwarft, auf der Kirche, Pastorat, Glockenturm und Friedhof liegen. Für den Friedhof gilt noch immer die Allmende-Tradition. Zu jedem Haus auf der Hallig gehört eine Grabstätte. Für Gräber zahlt man weder Nutzungsgebühr, noch mietet man sie für eine begrenzte Zeit. Auf Hooge sind der Tod und die letzte Ruhestätte umsonst.

Früher lagerten viele Hooger grundsätzlich einen Sarg auf dem Dachboden – sozusagen auf Vorrat. Denn die wenigen Schiffsverbindungen zum Festland machten ein schnelles Übersetzen unmöglich. Heute steht für alle Fälle ein leerer Sarg in der kleinen Leichenhalle hinter der Kirche. Auf dem Leichenanhänger wird der Sarg mit dem Verstorbenen zur Kirche gefahren. Falls jemand auf dem Festland verstirbt, holen die Halligbewohner den Sarg im Leichenanhänger von der Fähre ab. Schüler begleiten den Zug mit Kerzen. Wenn ein Bewohner zu Hause stirbt, wird er ebenso feierlich begleitet. Es ist ein berührendes und beeindruckendes Bild. In Gesprächen mit den älteren Halligleuten ist der eigene Tod ein immer wiederkehrendes Thema. Die Menschen hier wissen um ihre Endlichkeit, ohne sich zu ängstigen. Ältere bereiten sich ganz selbstverständlich auf den Tod vor. Manche haben ihren Grabstein schon fertigen lassen. Nur das Todesdatum muss noch ergänzt werden.

Einmal musste sich ein Hooger eine neue Grabstelle aussuchen. Er hatte sich ein neues Haus gebaut und zu diesem Grundstück gehörte kein Grab. Mehrmals gingen wir über den Friedhof, um einen passenden Platz zu finden. Mehrmals entschied er sich um. Die eine Stelle sei zu nah am Zaun, an der anderen würde er zu sehr im Wind liegen. Letztendlich fand er den perfekten Platz für seine letzte Ruhestätte.

Vielen ist wichtig, wer sie zu Grabe trägt. Es muss ein Vertrauter sein, der den Moment des Abschieds würdigt. Das tun sie gern, die Halligbewohner – sie nehmen Abschied von Weggefährten und erweisen Respekt, selbst wenn es daran zu Lebzeiten gefehlt hat.

Meine erste Amtshandlung auf Hooge war die Beerdigung einer alten Dame. Sie und ihr Mann waren hier geboren, hatten aber den Großteil ihres Lebens auf dem Festland verbracht. Der Mann war schon einige Jahre tot, als seine Frau starb. Sie wollte neben ihm begraben werden – auf Hooge, in der heimatlichen Erde.

Seitdem habe ich viele auf ihrem letzten Gang von der Kirche zum Friedhof begleitet.

Wünschen wir uns nicht alle einen Platz, an dem wir angekommen sind, an dem wir heiter leben und friedlich sterben?

Kirchwarft

5
HOOGER

»Allns Minschenfräter, de Pellwormer!«, schimpft mein Gegenüber. Oje, denke ich, auch ich bin Pellwormerin. Werden sie mich auf Hooge überhaupt akzeptieren?

Doch ich habe auch etwas zu sagen. »Moment ...«, erwidere ich laut. »Vier Generationen der Familie von Holdt liegen hier auf dem Friedhof. Ihre Namen kann man noch heute auf den Grabsteinen lesen.« Ich zähle meine Urahnen auf. Der erste siedelte 1790 auf Hooge, doch ich konnte ihn nicht in den Kirchenbüchern finden. Beim Durchblättern des Totenregisters ab 1815 entdeckte ich einen Hinweis. Es wurde von der Beisetzung einer Frau berichtet, die mit meinem Vorfahren verheiratet war. Ihr Mann fand sein Grab in der See. Sie heiratete erneut.

Dann spreche ich von meinem Großvater und meinen Eltern, den Onkeln und Tanten. Währenddessen entspannt sich die Miene des Mannes, der mir den Satz mit den »Minschenfrätern« entgegengeschleudert hat.

Ist es nicht ein fragwürdiges Unterfangen, seine Ahnengalerie aufzuzählen, um auf diese Weise als Teil einer Gemeinschaft anerkannt zu werden? Doch in den Köpfen der Menschen auf Hooge ist ein solches Denken fest verankert. Neue Mitbewohner plagen sich mit der Frage: »Gehöre ich dazu? Und wenn ja, ab wann?«

*

Vor ein paar Jahren lebte eine Autorin aus Berlin auf Hooge. Sie interessierte sich für die Rolle der Frauen auf der Hallig. Wir trafen uns zu neunt. Zwei Frauen waren gebürtige Hoogerinnen und sieben waren zugezogen. Die Autorin zählte mich zu den Zugezogenen – und ich fühlte mich mit dieser Einteilung sehr unwohl. Ich war ja keine Zugereiste, sondern Heimkehrerin. Und doch hatte ich das Gefühl, irgendwie zwischen den Stühlen zu sitzen.

Es kamen bei unseren Treffen erstaunliche Geschichten zutage: eine Frau erzählte von ihrer Schwiegermutter, eine andere von ihrer Mutter. Dann kam die Rede auf eine Flüchtlingsfrau, die hierblieb. Und es wurde von einer Frau gesprochen, die im Wasser vor der Hallig ein tragisches Ende fand. Ich sprach über meine Großmutter. Sie kam durch die Heirat nach Hooge, wo ihr Mann sein Elternhaus hatte. Einige aus unserer Runde kannten sie und griffen den Faden auf. So erfuhr ich manches, was ich bis dahin nicht wusste, und sah meine Großmutter plötzlich in einem anderen Licht. So erging es auch den anderen, denn immer konnte eine von uns die Geschichte einer anderen ergänzen. Es entstanden wunderschöne und reiche Lebensbilder. Unsere Gespräche wurden mit der Videokamera begleitet und festgehalten.

Später haben wir einen Filmabend veranstaltet und die Halligbewohner eingeladen. Es gab viel Lob, Erstaunen und noch mehr alte Geschichten.

*

Im Sommer sind viele Menschen auf der Hallig Hooge. Manche haben hier ihren zweiten Wohnsitz, einfach weil es schön ist. Aber nur wer auch im Winter bleibt, ist wirklich da.

Wer die Hallig nicht verlässt, wenn die Herbststürme kommen, wird mit Anerkennung bedacht. Mittlerweile leben viele Neubürger auf Hooge. Ihre Kinder gehen in die Kita oder zur Schule. Neugierig bin ich irgendwann in Gedanken alle Warften durchgegangen und habe entdeckt, dass es heute keine Ehe mehr gibt, die nur unter Hoogern geschlossen wurde.

Wer hierherkommt, wird freundlich begrüßt, solange er sich nicht erdreistet und den Halligbewohnern auf irgendeine Weise zu nahekommt. Wenn der Neue meint, es besser zu wissen, grummelt der Hooger: »Kumm mi nich an'e Farv!“ (Komm mir nicht an die Farbe/zu nahe!) Alles darf man sein, aber kein »Klookschieter«.

Ich glaube, dass sich das Unter-sich-sein-Gefühl verselbstständigt hat. Es fällt den Hoogern nicht mehr auf, was für eine eingeschworene Gemeinschaft sie sind. Hier leben Menschen, deren Vorfahren die Courage und Willenskraft hatten, nach jeder Flut, die ihnen Land, Besitz und auch Familienmitglieder raubte, wieder von vorne anzufangen. Immer und immer wieder. Sonst würde es die Halligen nicht mehr geben. Auf diese Willenskraft, auf ein Ausharren an einem Ort, der einem alles abverlangt – darauf sind die Menschen stolz! Auf meinen Kirchenführungen sage ich, dass sich dieses Lebensgefühl mittlerweile als Gen auf der DNS der Halligbewohner manifestiert hat.

Die Hooger zeigen sich gegenüber Neubürgern zunächst abwartend und vorsichtig, aber ich spüre, dass sich das verändert. Als vor einigen Jahren eine Flüchtlingsfamilie aus Afghanistan hierherkam, haben sich viele Hooger rührend um sie gekümmert. Das ist das Gefühl: Wir brauchen einander und wir brauchen auch neue Mitbürger, damit Hooge noch lange bewohntes Land bleibt.

6
BERMUDADREIECK

Hooge lebt zwischen den Extremen. Die Winter sind karg und leer, wenn die Hooger unter sich sind. Die Sommer sind bunt und voll, wenn Touristen die Hallig überspülen. Sie staunen, erkunden, genießen Wind und Weite, suchen Ruhe – und verbreiten doch mit ihrer Anwesenheit Ruhelosigkeit. Die Fähre und die Ausflugsschiffe bringen Tag für Tag neue Menschen nach Hooge, viele bleiben nur wenige Stunden, manche ein oder zwei Wochen. Wieder andere haben hier eine eigene Wohnung und nutzen sie so oft es geht.

Die Halligbewohner leben vom Tourismus, doch manchmal erdrückt sie der Gästestrom. Er ist Fluch und Segen zugleich. Pro Jahr besuchen uns 90 000 Tagestouristen und es werden 45 000 Übernachtungen gebucht.

Anfang des 20. Jahrhunderts wurde Hooge von Tagesausflüglern entdeckt. Die Anzahl der Besucher war damals überschaubar. Nur wenige Bewohner der

Hallig reagierten überhaupt auf Anfragen von Gästen nach Quartieren. Denn es war meist mit großem Aufwand verbunden, Gäste zu beherbergen. Das ganze Haus musste umgemodelt werden, damit die Gäste ein eigenes Zimmer hatten. Eltern zogen in den Keller, Kinder auf den Heuboden und das Wohnzimmer verwandelte sich in ein Esszimmer. Den Gästen bot man Frühstück und oftmals auch Vollpension an, denn die Gastronomie steckte noch in den Anfängen. Die Mehrarbeit lastete zumeist auf den Frauen und Kindern – und der Verzicht darauf, sich im eigenen Haus heimisch zu fühlen, wog schwer. Doch finanziell ging es den Gastgebern besser als vielen anderen auf der Hallig und mehr noch: Sie lernten interessante Menschen kennen. Oftmals hatten Gastgeber und Gäste viel Spaß miteinander. Sie feierten, klönten und tranken Teepunsch.

In den Sommermonaten spuckten ein paar Fahrgastschiffe, die von Amrum und Föhr herüberkamen, wenige Touristen aus. Die meisten blieben nur für ein paar Stunden.

Mein Großvater stand mit dem Kieker, seinem Fernglas, im »Ack«, der hinteren Auffahrt des Hauses, um zu sehen, wie viele es waren, und gab meiner Großmutter und den Tanten in der Küche Bescheid. Sie kochten Kaffee, schnitten selbst gebackenen Kuchen auf und hofften, sich bei der Planung nicht verschätzt zu haben. Nach ein paar Stunden zog der Gästeschwarm wieder ab. Das verdiente Geld landete in der alten Kaffeedose, die auf dem Tellerbord stand. Als Kind habe ich diese Stunden, in denen die Gäste zu uns kamen, geliebt.

Eine schöne Abwechslung waren auch die Besuche der Seehundjäger, die zu meinem Großvater kamen. Die Männer lachten und feierten, scherzten und erzählten über eine Welt, die mir groß und bunt erschien.

So wie ich immer größer wurde, wuchs auch der Tourismus. Er veränderte das Leben auf der Hallig. Manche der Übernachtungsgäste sind seit vielen Jahren treu, einige kommen schon seit 50 Jahren, andere noch länger.

Sie schätzen die Ruhe, die Überschaubarkeit, die Weite des Himmels und das Gefühl, dass hier die Zeit irgendwie ausgebremst scheint. Die meisten gehen sorgsam mit der Hallig und ihren Bewohnern um. Viele sind während ihres Urlaubes auch treue Gottesdienstbesucher – egal ob sie die Predigt auf Platt- oder Hochdeutsch hören. Einige sagen: »Zu Hause gehen wir nicht in die Kirche, aber hier ist es uns ein Bedürfnis.«

Im Vergleich zu anderen Kirchengemeinden geht es in St. Johannis lebhaft zu. Während meine Kolleginnen und Kollegen auf dem Festland oft große

Gemeinden betreuen und mit Amtshandlungen überlastet sind, habe ich Zeit, beim Kirchenkaffee oder beim Gang um den Deich, mit den Gästen zu plaudern.

Aber die Freude ist nicht ungebremst. Manche Tagesgäste spazieren über Hooge, als sei die Hallig eine Art Freilichtmuseum, für das sie mit der Fährfahrt »Eintritt« bezahlt haben. Mit der Kutsche zuckeln sie durch das »Bermudadreieck« – so nennen wir die Sehenswürdigkeiten Kirchwarft, Hanswarft und Backenswarft.

Egal, was auf Hooge passiert, es wird darüber berichtet. Denn die Hallig ist *bekannt as so 'n bunte Hund.* Alles über Hooge und seine Bewohnerinnen und Bewohner scheint für Reporter jeglicher Couleur interessant zu sein. Und die Fotos in regionalen Berichten, überregionalen Zeitungen und auch Filmsequenzen in Fernsehsendungen zeigen vor allem ein Motiv: das Ensemble auf der Kirchwarft. Es besteht aus dem alles überragenden reetgedeckten Pastorat, dem frei stehenden Glockenturm und der ebenfalls reetgedeckten kleinen Kirche. Der Glockenturm steht auf vier Eichenpfählen und ist mit einem spitzen Kupferdach gedeckt, das ein gelber Wetterhahn krönt. Alle, die diese Aufnahmen sehen, verbinden damit Idylle, einen Sehnsuchtsort und den Wunsch, es mit eigenen Augen zu sehen. Nicht zuletzt sind die vielen Tagestouristen und Urlauber genau aus diesem Grunde hier.

Manche Besucher schenken den Schildern »Privat« oder »Kein Durchgang« keine Beachtung. Sie drücken ihre Nasen an private Fensterscheiben, trampeln durch Vorgärten und öffnen einfach Türen, um zu sehen, was sich dahinter verbirgt. Wenn sie gebeten werden, dies zu unterlassen, reagieren sie empört.

Als ich nach Hooge ins Pastorat zog, schloss ich die Vordertür nie ab. Das hielt ich für unnötig, schließlich war ich ja daheim. Doch eines Tages begegnete mir auf der Treppe, die zu meiner Wohnung führte, ein Paar.

»Was machen Sie hier?«, fragte ich überrascht.

»Wieso regen Sie sich so auf? Die Tür war schließlich nicht verschlossen!«

Ein anderes Mal sonnte ich mich im Pfarrgarten, den ein einfacher Bretterzaun vom Friedhofsgelände trennt. Ich hatte es mir im Strandkorb gemütlich gemacht. Plötzlich stiegen einige Touristen vom Friedhof kommend über den Bretterzaun und fotografierten mich. Da bin ich dann doch etwas unfreundlich geworden.

Sobald der Abend die Tagestouristen von der Hallig spült, kommt alles zur Ruhe. Dann können wir die Schönheit genießen. Und privat ist wieder privat.

Im Herbst ist die Saison vorbei. Die Fahrgastschiffe stellen den Betrieb weitgehend ein, auch die Fähre von Schlüttsiel nach Hooge fährt nur noch einmal wöchentlich hin und zurück. Die Tageszeitung ist dann nicht nur von gestern, sondern von vorgestern! Es kehrt Ruhe ein. Man kann Neues planen, ohne von Gästen unterbrochen zu werden. Manches wird renoviert und umgestaltet.

Für alle, die vom Tourismus leben, ist es jedes Jahr ein Parforceritt durch die Saison. Sie sind am Ende erschöpft und ausgelaugt. Wen wundert es? Jeden Tag ist von früh bis spät Betrieb. In der Gastronomie wird schon ab den frühen Morgenstunden das Mittagessen für die Gäste vorbereitet, werden Lebensmittel vom Fähranleger geholt, wird Gemüse geputzt, Salat gewaschen, werden Tische gedeckt. Zwischendurch gibt es in der Saison kaum Ruhephasen. Tag für Tag kommen neue Gäste. Und es ist ja auch schön, wenn Menschen gerne hier sind.

7
WEGFAHREN, UM ANZUKOMMEN

Schon als Kind mussten wir mit dem Dampfer von der Insel Pellworm, wo ich mit meiner Familie lebte, zum Festland, sobald wir etwas Besonderes brauchten oder zu einem Facharzt mussten. Wenn ich meine Großeltern auf Hooge besuchen wollte, nahm ich das Postschiff. Es gehörte meinem Großonkel. Als 15-Jährige verbrachte ich meine Sommerferien bei meinem Vater an Bord seines Schiffes. Später fuhr ich auf dem Frachter meines Onkels auf der Nord- und Ostsee. Und während meines Studiums war ich sogar sein Schiffskoch. Damals half mir das Reisen, Entscheidungen für meinen Lebensweg zu treffen.

Bis heute sehe ich die Blicke der fünfköpfigen Besatzung, als ich in einer alten, räudigen Pelzjacke, die ich meiner Großmutter abgeschwatzt hatte, am Tiessenkai in Kiel stand. Statt eines »Moin« zur Begrüßung fragten mich die Seeleute: »Kannst du auch kochen oder bist du nur die Nichte vom Alten?« Diese Frage kam nie wieder auf, denn kochen konnte ich, auch wenn ich die Nichte des Alten war.

Es war eine tolle Zeit. Ich denke beispielsweise an die 72 Stunden Eisfahrt durch den Finnischen Meerbusen. Vor uns machte ein russischer Eisbrecher die Fahrrinne frei. Die Lotsen kamen nicht wie sonst mit dem Lotsenboot an Bord, sondern mit dem Bobschlitten.

Wir fuhren bei klarem Frost und Sonnenschein durch die Stockholmer Schären, im Nebel tastete sich das Schiff durch die Kanäle von Kopenhagen. Die berühmte Stadtansicht ließ sich nur erahnen.

Wieder in der Heimat angekommen, hatten sich meine Gefühle und Gedanken geklärt und ich konnte eine Entscheidung treffen. Im Nachhinein erscheinen mir meine Schiffsreisen wie eine Pilgerfahrt. Während ich unterwegs war, hat »er da oben« mir Klarheit geschenkt.

*

»Sie müssen noch die Vereinbarung unterschreiben, dass Sie während der gesamten Reise keinen Alkohol trinken.«

Was? Bisher hat mir keiner von einem Alkoholverbot an Bord erzählt. Ich fühle mich überrumpelt, nehme aber trotzdem den Stift und unterschreibe. Ich will weg – weit weg und für lange. Für zwei Monate wird ein Containerschiff mein Zuhause sein. Mir ist klar geworden: Ich muss jetzt für eine Weile meinen festen Ankerplatz auf Hooge verlassen, um mich wieder selbst zu finden.

Das Schiff liegt im Hamburger Containerhafen gegenüber der Elbphilharmonie. Es ist 300 Meter lang, 49 Meter breit und wird von einem polnischen Kapitän gesteuert. Der Erste und Zweite Offizier stammen ebenfalls aus Polen, der Dritte Offizier aus der Ukraine, der Chefingenieur der Maschine aus Deutschland und der Elektriker aus Russland. Die Decksmannschaft besteht aus Filipinos und neben mir reist noch eine Dame aus England mit.

Meine Kabine, die für zwei Monate mein Zuhause sein wird, befindet sich zwei Decks unter der Brücke. Gäste können sich frei auf dem Schiff bewegen und ich nutze das: Ich laufe viel umher, powere mich im Fitnessraum aus und genieße die Gespräche auf Englisch, Polnisch und Russisch während der Mahlzeiten in der Offiziersmesse. Mein Lieblingsplatz an Bord ist eine Taurolle vorn auf der Back. Ich lege mich auf das dicke Tau und betrachte von diesem Platz aus einen überwältigenden Himmel – wie die Wolken dahinziehen und sich die Farben im Laufe des Tages verändern. Manchmal sitze ich auch stundenlang in einem Lotsenstuhl auf der Brücke und schaue über das Wasser in die Weite. Delfine springen durch die Wellen und Fliegende Fische gleiten durch die Luft. Wale erkenne ich von fern am Blas, wenn die ausgeatmete

Luft kondensiert, stehen Nebelfontänen über dem Wasser. So überwältigt ich von der Größe der Tiere bin, umso erstaunter bin ich, wenn ich darüber nachdenke, in was für zerbrechlichen Booten die Fischer noch heute auf dem Ozean unterwegs sind. Nussschalen in einem riesigen Meer. Schwankende Kutter, von denen die Fischer ihre Netze auswerfen und später wieder einholen.

Der Dritte Offizier erzählt mir von seiner Heimat und der Familie in der Ukraine. Ich frage ihn neugierig, wie das Verhältnis der Mannschaft untereinander ist. Ob der Einzelne genügend freie Zeit hat, um mit den anderen ins Gespräch zu kommen und vielleicht auch Freundschaften zu schließen. Der Mann verneint. Die Offiziere sind meist nur drei oder vier Monate auf einem Schiff. Und die freie Zeit ist knapp. Die Decksmannschaft arbeitet auf dem Containerschiff, mit dem ich unterwegs bin, elf Monate zusammen. Wenn man Heimweh hat, eine lange Zeit.

Den Panamakanal passieren wir nachts. Etwa neun Stunden dauert die Durchfahrt. Vor uns fährt ein anderes Containerschiff in die Schleusenkammer. Langsam erhebt es sich aus den Fluten, während das Wasser abgelassen wird. In den Miraflores-Schleusen beträgt der Höhenunterschied 20 Meter. Drei Schleusen heben uns vom Atlantik bis zum Pazifik.

Gigantisch!

Das Schiff nimmt Kurs auf Buenaventura, an der Westküste Kolumbiens, das wir nach zwei Tagen Fahrt erreichen. Wir passieren wunderschöne Küstenstreifen und hohe Bergmassive, die in der Sonne glitzern.

Immer wieder landen wir in kleineren und größeren Häfen, ich nutze die freie Zeit, während das Schiff Fracht entlädt und auch wieder aufnimmt, für Landgänge. Die Kirchen, die ich besuche, faszinieren mich, aber mehr noch berühren mich die Menschen, die ich dort treffe. Sie hocken auf ihren Knien, ganz ins Gebet versunken, trotz aller Unruhe um sie herum.

Mitte März machen wir uns auf den Rückweg nach Hamburg. Auf See spüren wir ein letztes Aufbäumen des Winters: Sturm auf dem Atlantik.

Ich sitze auf der Brücke und beobachte die heranrollenden Wellen. Vor dem Sturm habe ich keine Angst, spüre keine Unsicherheit. Da ist vielmehr ein Erstaunen über die gewaltige Kraft – und Ehrfurcht vor dem, was sich hier gerade abspielt. Es ist verboten, an Deck zu gehen, viel zu gefährlich. Auch der Fahrstuhl ist während des Sturmes außer Betrieb, damit er sich nicht beim Rollen des Schiffes verhakt. Was mich fasziniert, sind die Gewalt und die Tiefe der See: 9000 Meter ist sie in dieser Region tief. Was sind dagegen die neun Meter hohen Wellen, die über die Bordwände schlagen und das Schiff auf und ab tanzen lassen?

Obwohl ich weiß, dass meine Tochter, ihr Mann und meine drei Enkelinnen am Kai auf mich warten, würde ich am liebsten an Bord bleiben und noch eine Weile länger unterwegs sein.

Doch es ist auch schön, nach Hause zu kommen und alle in die Arme zu schließen.

Zurück auf Hooge, geht es mit frischem Rückenwind weiter. Aber nach einem arbeitsreichen Jahr treibt es mich wieder in die Ferne. Mit einem Containerschiff geht es von Hamburg nach Australien. Das Schiff ist nicht so neu und leuchtend rot wie das letzte, sondern rostig blau. Und dieses Mal muss ich vorher nicht unterschreiben, dass ich während der Reise auf Alkohol verzichte, sondern dass die Reederei nicht für Verletzungen und andere Verluste haftet, wenn es zu einem Übergriff kommt: Die Route führt durch Piratengebiet. Auch diese Erklärung unterschreibe ich ohne Zögern.

Der Kapitän ist ein wortkarger und selbstgefälliger Rumäne. Er isst nicht mit den Gästen und den Offizieren in der Offiziersmesse, sondern speist in seinem privaten Salon. Auf der Brücke lässt er sich nur sehen, wenn seine Anwesenheit unbedingt erforderlich ist oder wenn Lotsen an Bord kommen.

Die Offiziere kommen aus Polen, Rumänien und Deutschland. Die Decksmannschaft stammt, wie auch die auf dem letzten Schiff, von den Philippinen. Mit mir reist Annette aus Freiburg. Sie ist Erzieherin und besucht während eines Sabbatjahres Verwandtschaft in Sydney.

Die Fahrt durch den Golf von Biskaya verläuft unerwartet ruhig, das Mittelmeer finde ich langweilig und den Suezkanal überraschend. Ich warte auf Schleusen, aber es gibt keine, denn das Mittelmeer und das Rote Meer liegen auf gleichem Niveau.

Aber der Anblick des Landes zu beiden Seiten des Suezkanals ist erschreckend. Dörfer und Städte sind nur noch Ruinen. Im Sinai-Krieg ist vieles verbrannt. Pontons liegen wie bedrohliche Tiere am Ufer. Im Kriegsfall, so erzählt man mir, würde man die Pontons schnell zusammenziehen, damit Panzer darüberrollen könnten. Das alles macht mich sehr traurig. Wie sollen die Menschen hier in dieser Situation auf Dauer überleben? Wie kann Gott das alles zulassen?

Wir erreichen das Rote Meer. Mittendrin strahlt ein blau-weißer Leuchtturm. Die Küstenwache bringt fünf Soldaten einer internationalen Friedenstruppe an Bord. Sie sollen uns vor Piratenangriffen beschützen und beziehen mit ihren Maschinengewehren Position auf der Brücke. Ihre Botschaft, die sie mit einer

Probesalve unterstreichen, ist eindeutig: »Hier bestimmen wir.«

Eine absurde, bedrohliche Situation. Das Szenario erinnert an einen Kinofilm, doch es ist real. Fünf Tage eskortieren uns Soldaten. Über uns fliegen Hubschrauber und Aufklärungsjets, um Piraten frühzeitig zu orten. Erst vor den Seychellen verlassen uns die Soldaten, die uns Geleitschutz gegeben haben. Gott sei Dank, bleiben wir unbehelligt.

Das Osterfest will ich an Bord feierlich begehen und frage den Koch, ob ich in seiner Kombüse Osterbrot backen darf. Gemeinsam kneten Annette und ich den Teig, formen Brotlaibe mit und ohne Rosinen. Das Ganze gelingt so gut, dass mich unser Steward fragt: »Sind Sie Bäckerin?«

»Nein, ich bin Predigerin!«

Er breitet die Arme aus und ruft voller Überzeugung: »Jetzt weiß ich, warum wir nicht von Piraten angegriffen worden sind. Sie haben ein Abkommen mit Gott.«

Bei Sonnenaufgang feiern Annette und ich den Ostermorgen mit einem Gottesdienst an Deck. Ein Schwarm Delfine jubelt mit uns. Es sind die einzigen Delfine, die wir während der gesamten Reise zu Gesicht bekommen.

An diesem Tag gibt es später nicht nur Osterbrot, sondern ein ganzes Schwein am Spieß. Stunde um

Stunde drehen und begießen die Männer aus der Mannschaft das Vieh. Es schmeckt am Ende großartig, ebenso wie die Beilagen, die am Abend zum Fleisch gereicht werden. Alles ist schön geschmückt und es ist ein denkwürdiges und wunderschönes Osterfest. Muslime, Orthodoxe, Katholiken, Protestanten und Atheisten feiern gemeinsam.

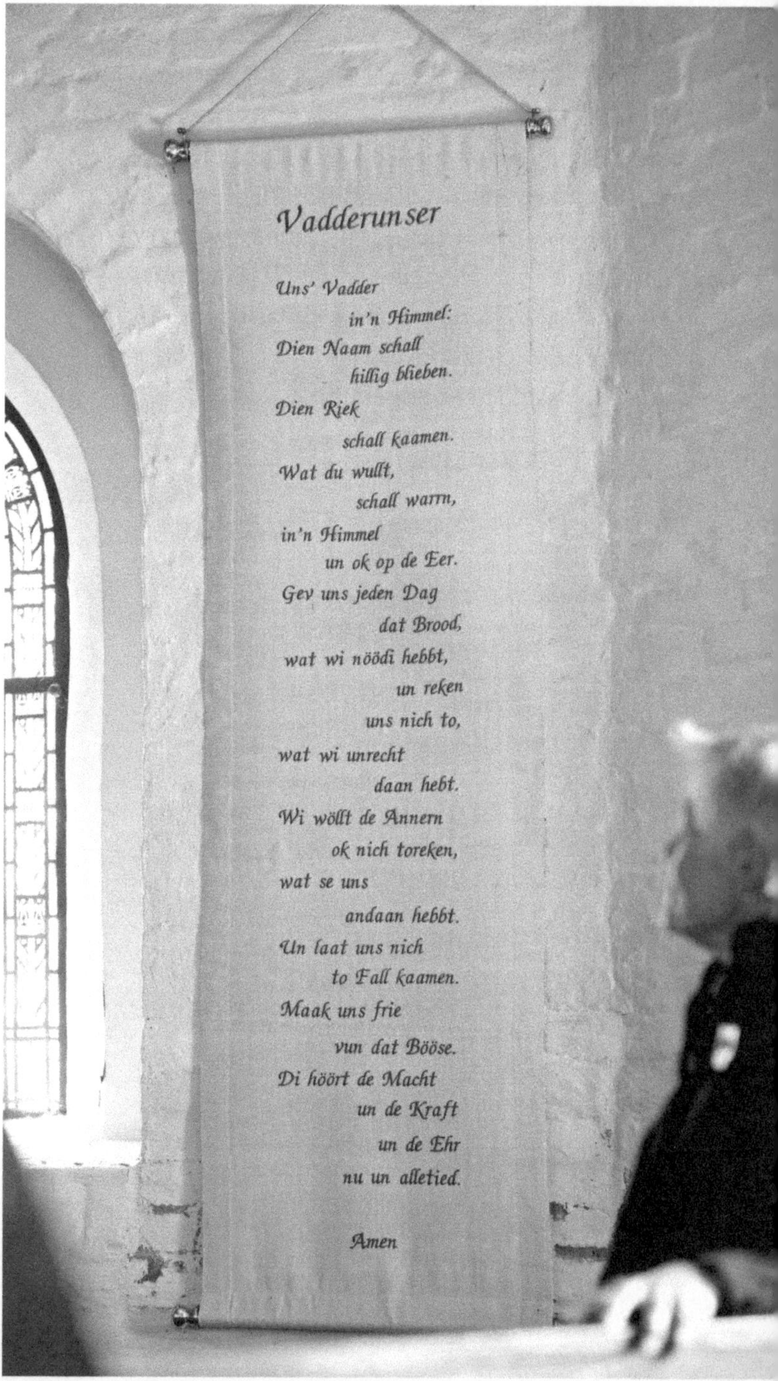
Vadderunser
Uns' Vadder
in'n Himmel:
Dien Naam schall
hillig blieben.
Dien Riek
schall kaamen.
Wat du wullt,
schall warrn,
in'n Himmel
un ok op de Eer.
Gev uns jeden Dag
dat Brood,
wat wi nöödi hebbt,
un reken
uns nich to,
wat wi unrecht
daan hebt.
Wi wöllt de Annern
ok nich toreken,
wat se uns
andaan hebbt.
Un laat uns nich
to Fall kaamen.
Maak uns frie
vun dat Bööse.
Di höört de Macht
un de Kraft
un de Ehr
nu un alletied.
Amen

8
WI SNACKT PLATT

Meine Seele ist wieder vor Anker gegangen – auf Hooge. Mir fehlten unterwegs das fröhlich-raue »Moin« bei jeder Begegnung, die Treffen mit lieben Menschen, das »Rott, Rott« der Ringelgänse, das Jubilieren der Lerchen, das Auf und Ab der Gezeiten. Mehrmals bin ich im Laufe meines Lebens bis ans Ende der Welt gefahren, aber auf Hooge habe ich alles, was ich brauche: Geborgenheit.

Nicht nur Orte oder Menschen sorgen für ein Heimatgefühl, sondern auch Sprache. Das Plattdeutsch mit seiner eigenen Melodie und Aussprache gibt mir das Gefühl, zu Hause zu sein. In Plattdeutsch fühle, denke, streite, liebe, bete und predige ich.

»Wodenni geiht di dat, min Süße?«

»Oma, das ist falsch!«

Meine Enkelin musste sich erst an das Plattdeutsch gewöhnen. Mittlerweile versteht sie und verstehen auch meine anderen Enkelinnen alles, was ich in meiner Muttersprache sage.

Plattdeutsch ist auch meine liebste Predigtsprache, mit ihr singe und rede ich aus vollstem Herzen. Immer wieder bedanken sich sogar Gäste, die kein Platt verstehen, für den Gottesdienst. Die Botschaft habe ihr Herz berührt, als hätte Gott zu ihnen gesprochen. Ja, so soll es sein!

Viele denken, Plattdeutsch ist nichts weiter als ein Dialekt, und sie lassen sich schwer vom Gegenteil überzeugen. Fakt ist: Plattdeutsch ist eine eigenständige Sprache mit regionalen Dialekten. Es war die Sprache der Hanse und gilt als erste deutsche Gemeinsprache. Johannes Bugenhagen, ein Gefährte von Martin Luther, übersetzte die Bibel ins Plattdeutsche. Sie erschien 1533 in Lübeck, ein halbes Jahr vor Luthers Übersetzung ins Hochdeutsche.

Als im 16. Jahrhundert die Hanse an Bedeutung verlor, blieb Plattdeutsch die wichtigste Umgangssprache, wurde aber immer mehr vom Hochdeutschen verdrängt, das Amtssprache wurde. Auch in den Kirchen spürte man den Wandel. Gottesdienste auf Plattdeutsch wurden immer seltener, bis sie gänzlich verschwanden.

Man ließ sich von der angeblichen Bedeutung des Wortes »platt« in die Irre führen. Es hieß, Plattdeutsch sei eine Sprache der Ungebildeten. Dabei kommt die Bezeichnung aus dem Niederländischen und bedeutet klar, ehrlich, geradeheraus.

Und genau das ist Plattdeutsch!

Im Plattdeutschen gibt es keine verschachtelten Sätze und keine sprachlichen Umwege. Keine Nischen und Nester, in denen man sich verstecken könnte.

Ein paar Jahrhunderte lang verbannte man Plattdeutsch aus der guten Stube und schickte die Sprache – bildlich gesprochen – in Stall und Küche. Lange hielt sich die Sichtweise, dass es eine Sprache für primitive, dumme Menschen sei.

In den 1960er-Jahren drängten die Halligbewohner ihre Kinder, Hochdeutsch zu sprechen. Sie sollten es leichter als ihre Eltern haben, die allzu oft ihrer Sprache wegen bloßgestellt wurden. Nur was half es, wenn sie das Plattdeutsche eins zu eins ins Hochdeutsche übersetzten? Es kam zu den aberwitzigsten Sätzen. Beispielsweise, wenn der Sohn dem Vater, der mit seinen Freunden in der Gastwirtschaft saß, ausrichtete, dass er nach Hause kommen sollte: »Papa, du sollst zu Hause komm'n zu'n Pleegen.« (Papa, du sollst nach Hause kommen und das Vieh versorgen.)

Auch in den Familien der Freunde unserer Kinder herrschte das Sprachgemisch, als wir in Niedersachsen lebten.

»Wir fahr'n nach meine Oma nach'n Harz«, erzählten sie.

Meine Kinder fragten dagegen: »Was ist ein Hoorbüdel?« Sie hatten dieses Wort bei einem Familienfest aufgeschnappt. Wörtlich übersetzt heißt es Haarbeutel. Das wussten meine Kinder auch, aber was bedeutet es? Jemand, der so richtig »duun“ (betrunken) ist, hat einen »Hoorbüdel«, also einen schweren Kopf, und hinterher »sülm maakte Krankheiten« (selbst gemachte Krankheiten) – einen Kater.

Ich habe Hochdeutsch erst in der Schule gelernt und wurde nicht für mein Plattdeutsch verspottet. Nur manchmal zogen die Leute die Stirn kraus. Als ich an meinem achten Geburtstag mit einer Blinddarmentzündung im Krankenhaus in Husum lag, klagte ich der Schwester: »Ich bin so schlecht!«

Ich wusste nicht, dass es »Mir ist so schlecht« heißt. Auf Platt sagte ich einfach: »Ik bin so schlecht.«

Mit meinen Kindern sprach ich Platt, bis mein Ältester fragte: »Kannst du auch richtiges Deutsch?« Da gab ich meine Bemühungen auf. Letztendlich lernten die Kinder von den Großeltern auf Pellworm Platt. Jetzt bin ich selbst Großmutter und spreche nur in meiner Muttersprache mit meinen Enkelkindern.

Während des Studiums in Marburg wurde ich oft gebeten, etwas auf Plattdeutsch zu erzählen. Ich antwortete kurz mit gängigen Sprüchen und fühlte mich dabei wie jemand aus einem fremden Land. Beispiele gefällig? »Min lütte Schietbüdel« (Mein kleiner Hosenscheißer) oder »Du bist doch min Zuckersnuut« (Du bist doch mein Zuckermäulchen). Wat för een Schiet!

Seit etwa 30 Jahren wird auch im Gottesdienst wieder Platt gesprochen. Der erste Sonntag nach Trinitatis wurde zum plattdeutschen Sonntag erklärt. In Norddeutschland gründete sich der »Plattdüütsch Krink« (Plattdeutscher Kreis), dem ich viele Jahre verbunden war. Jedes Jahr im Januar trafen sich im Kloster Ratzeburg PastorInnen und PrädikantInnen aus Brandenburg, Niedersachsen, Bremen, Hamburg, Mecklenburg-Vorpommern und Schleswig-Holstein. Gemeinsam arbeiteten wir an biblischen Texten. Ein emeritierter Theologieprofessor aus Tübingen, gebürtig in Flensburg, brachte uns die Texte auf seine unnachahmliche, humorvolle Weise näher. An der Tafel standen oft Texte in hebräischer, griechischer, lateinischer und plattdeutscher Sprache nebeneinander. Es war jedes Jahr eine spannende, interessante und lehrreiche, aber auch vergnügliche Woche.

Seit 1996 habe ich viele plattdeutsche Gottesdienste auf dem Festland, auf den Inseln und in Berlin gehalten – und auf Hooge einmal im Monat. Wenn Gäste mich bitten, die Predigt zu übersetzen, muss ich ablehnen – denn es würde eine ganz andere werden.

*

Als Familie lebten wir in den 1980er-Jahren auf dem Festland in Niebüll. Mein Mann, der aus Rheinland-Pfalz stammt, gründete dort als Arzt eine orthopädische Praxis. Zwar spricht er kein Plattdeutsch, kann es aber sehr gut verstehen.

Sein erster Patient war ein alter Bauer. Der saß ihm gegenüber, knetete seinen rechten Daumen und druckste vor sich hin. Mein Mann fragte: »Is he doof?« (Ist er taub?)

Der Patient strahlte und antwortete: »Jo, Herr Dokter!«

28 Jahre lang habe ich in der Praxis am Empfang gearbeitet. Wenn Patienten untereinander Platt sprachen oder ihr Hochdeutsch nach Platt klang, sprach ich ebenfalls Platt. Trotzdem verstrich viel Zeit, bis die Menschen sich trauten, Plattdeutsch mit mir zu sprechen. Denn: »Mit Fruu Dokter snackt man nich Platt.«

Ich fürchte, dass Plattdeutsch als Sprache ausstirbt. Trotzdem halte ich an meinen Bemühungen fest, sie zu sprechen und weiterzugeben, ob im Hallig-Alltag, im Gottesdienst oder im Unterricht. In unseren jährlichen Krippenspielen reden alle Platt: Kinder, Erwachsene, Hooger, Zugereiste, Protestanten, Katholiken und Muslime.

Selbst in meiner Zeit als Urlauberseelsorgerin in Südtirol und am Gardasee beendete ich die Gottesdienste mit dem Segen auf Plattdeutsch:

»De Herr segne di un hool sin Hannen öwer di,
de Herr seh di fründli an un wees di gnädig,
de Herr laat sin Oogen in Leevde op di ruhn un gäv di sin Freeden.«

Plattdeutsch hat eine eigene feine Melodie. Es berührt, selbst wenn man nicht jedes Wort versteht.

9
IK HÖÖRDE WAT UN SEEG NIX

Längere Zeit wohnte ich mit dem Lehrer der Halligschule unter einem Dach. Nach 32 Jahren ging er in den wohlverdienten Ruhestand. Seine Nachfolgerin war eine junge, dynamische und selbstbewusste Lehrerin. Sie fragte mich, ob ich Lust hätte, den Kindern Plattdeutsch beizubringen und das Fach Religion zu übernehmen. Plötzlich war ich Lehrerin für SchülerInnen der ersten bis siebten Klasse. Dabei fehlten mir für den Abschluss des Pädagogikstudiums zwei Semester. Das Unterrichten war dann auch nur nach Absprache mit den Eltern möglich und natürlich für einen »Vergelts Gott«-Betrag.

Von Anfang an hatte ich Freude am Unterrichten, obwohl mein Studium weit zurücklag. Ich wurde aber immer routinierter, je länger ich den vier Mädchen und drei Jungen gegenübersaß. Und mein Einsatz zeigte Erfolg: Ein Schüler sprach inzwischen fließend Plattdeutsch, zwei andere hatten etwas mehr Mühe damit. Eine Schülerin konnte es immerhin recht gut verstehen, die andere wurde immer sicherer. Die zwei

Mädchen der Flüchtlingsfamilie mussten erst einmal Deutsch lernen. Dabei machte die Größere rasche Fortschritte und versuchte sich dann auch am Platt. Die Jungen waren zurückhaltender und wirkten gelangweilt. Für sie war das alles nur nervige Zungenbrecherei. Das änderte sich schlagartig, als ich zum Ende der Stunde Rätselaufgaben auf Plattdeutsch austeilte. Da waren sie mit Eifer bei der Sache! Und wehe, ich hatte kein Blatt mit Aufgaben dabei! Diese Rätsel waren an sich keine Herausforderung, erst das Plattdeutsche machte sie knifflig.

»Ik höörde wat un seeg nix, ik greep un kreeg nix.« Diesen Satz mussten die Kinder zuerst übersetzen – schon das war eine harte Nuss. Aber was bedeutete dies: »Ich hörte etwas und sah nichts, ich griff danach und bekam nichts.«? Die Kinder rätselten eine Weile, bis sie auf die Antwort kamen. Es ging um den Wind.

»Ik heff dat, du hest dat, de ole Petersen hett dat, man Gott hett dat nich.« Sie übersetzten: »Ich habe es, du hast es, der alte Petersen hat es, aber Gott hat es nicht.« Trotz Übersetzung blieb das Rätsel schwierig. Die Antwort lautete: Es ist der Schatten!

Mit diesen kleinen Auflockerungen kamen wir immer gut durch die Plattdeutschstunde.

Ich hatte keine Ahnung, was mich im Religionsunterricht erwarten würde. Ein Kind war getauft, vier ungetauft und zwei Mädchen waren muslimischen

Glaubens. Wie werden sie sich wohl im Unterricht verhalten? Sie überraschten mich! Alle ließen sich auf die Themen und Texte ein. Beschwingt und dankbar ging ich nach jeder Stunde nach Hause. Die Religionsstunden waren für mich etwas ganz Besonderes, sie beflügelten mich weiterzumachen.

Damals hatte ich gerade meine Enkeltochter getauft. Das Thema war so frisch und lebendig in mir, dass ich es als erstes mit meinen SchülerInnen besprach. Wir lernten alles über Taufkleid und Kerze, Taufbecken und Taufversprechen. Anschließend gingen wir in die Kirche, setzten uns in die Bänke und betrachteten das Lichtspiel, die Farben, Ornamente und Symbole. Das Taufbecken füllten wir mit Nordseewasser und entzündeten eine Taufkerze an der Osterkerze.

Die Kinder waren ganz still und sogen die Eindrücke auf.

Am Ende dieser Unterrichtseinheit wollten sich alle taufen lassen. Das ging leider nicht, denn keiner von ihnen war religionsmündig. Erst mit 14 Jahren können Jugendliche selbst entscheiden, ob sie sich taufen und konfirmieren lassen wollen, bis dahin brauchen sie die Erlaubnis der Eltern. Letztendlich waren es später zwei Jugendliche aus dieser Gruppe, die sich dazu entschlossen.

Unsere Reise durch die Bibel ging weiter. Wir erlebten die sieben Schöpfungstage, füllten die Arche mit Leben, warteten nach der Sintflut auf die Taube und suchten den Regenbogen. Dem Volk Israel folgten wir durch die Wüste und staunten, wie ihm Gott durch Mose die Gesetzestafeln gab. Und wir schauderten, als der Prophet Jona von einem Wal verschluckt wurde. Immer wieder waren wir erstaunt und erleichtert, dass Gott großzügig und gnädig handelte.

Die Geschichte mit Jona und dem Wal haben wir als Theaterstück in einem Gottesdienst aufgeführt. Eine Kirchenbank diente als Schiff, ein Bettlaken als Segel und der Wal war ein Tunnel aus Papier. Es war beeindruckend, wie ernsthaft die Kinder dabei waren und mit welchem Verständnis sie die Geschichte gedeutet haben.

Im Neuen Testament der Bibel folgten wir den Spuren Jesu, waren mit ihm gedanklich am See Gennesaret, in der Wüste, im Tempel, am Brunnen, im Haus des Zöllners und auf der Hochzeit zu Kana. Als Jesus vor Pontius Pilatus stand und das Volk schrie, hatten wir das Gefühl, die Rufe zu hören. »Tötet ihn! Tötet ihn!«

Wir spürten die Dunkelheit, als Jesus am Kreuz auf Golgota verschied, und jubelten am Ostermorgen über das leere Grab. In der Erzählung über die Himmelfahrt Jesu waren Schwere und Leichtigkeit zugleich, und zu Pfingsten wehte der Geist Gottes über uns.

Am Ende des zweiten Jahres wurde es praktisch. Wir fragten uns: Was können wir tun, um Gottes Schöpfung zu bewahren? Wie können Gottes Gebote unter uns lebendig sein? Eifrig überlegten, diskutierten und beratschlagten die Kinder. Wir listeten auf, was und wie viel jeder Einzelne tun kann, damit das Miteinander friedlich und gerechter wird. Dabei kamen sehr gute Ideen zur Sprache. Doch leider ist und bleibt das Problem die Umsetzung und wir Erwachsenen sind nur selten ein gutes Vorbild.

Keine einzige Unterrichtsstunde möchte ich missen. Ich habe dabei ebenso viel gelernt wie die SchülerInnen – vielleicht sogar mehr. Die Gespräche haben meinen Kinderglauben wiederbelebt. Glauben hat mehr mit Vertrauen als mit Verstehen zu tun. Aufrichtiger Glaube geht über Sehen und Begreifen hinaus.

10

GOTT SIEN SEGEN FÖR DI – ST. JOHANNIS LÄDT EIN

Der Weg zu Gott führt nicht nach oben, sondern eine Stufe nach unten – zumindest in meiner Kirche St. Johannis. Sie ist so klein, dass ich beim Eintreten aufpassen muss, um nicht zu stolpern.

St. Johannis umfängt mich morgens in weichem Licht und absoluter Stille. Auf meinem Weg zum Altar, um die Kerze zu entzünden, spüre ich den Blick Christi. Das Kruzifix hängt an der Südwand und obwohl Christi Augen geschlossen sind, begleitet er mich. Er ist für mich ganz gegenwärtig. Das ist einer meiner liebsten Momente des Tages.

»Das hätte ich auch gern«, sagen mir Pastoren, wenn ich erzähle, dass 86 % der Einwohner Mitglied der evangelisch-lutherischen Kirche sind. Selbst im Winter kommen 10 % der Gläubigen zu den Sonntagsgottesdiensten. Allerdings leben auf Hooge nur 100 Menschen. 86 davon sind Kirchenmitglieder.

St. Johannis ist klein, die Kirchengemeinde ist klein, aber die Spuren von Gottes Geleit in diesem Haus sind groß. Fenster, Altar, Türen, Bänke, Bilder – alle erzählen sie mit leuchtenden Farben, Verzierungen und Schnitzereien von Gottvertrauen und Dankbarkeit.

Erbaut wurde die Kirche nach der zweiten großen Mandränke, der Flut von 1634. Mauersteine, Kanzel, Stuhlwangen und das Taufbecken stammen aus einer Kirche in Osterwohld, von der Insel Alt-Nordstrand, die durch die Wucht des Wassers auseinandergerissen wurde. Die Kirche selbst blieb fast vollständig von der Flut verschont. Dafür ertrank der größte Teil der Gemeindemitglieder.

Die Kanzel von St. Johannis hat Meister Ringerink aus Flensburg geschnitzt, seinerzeit ein sehr berühmter Künstler. Sie zeigt die wichtigsten Stationen aus dem Leben Christi mit dem dazugehörigen Bibelspruch. Die Verse stammen nicht aus der Lutherübersetzung, sondern aus der plattdeutschen Bibelübersetzung von Johannes Bugenhagen.

Das Taufbecken ist aus Lindenholz und wird von den vier Evangelisten getragen. Die Taufschale ziert ein Spruchband mit dem Namen des Stifters: des Grafen von Schwerin und von der Schulenburg. Als Kind habe ich mich immer gefragt, wie die Taufschale in die Kirche von Osterwohld und dann nach Hooge kam. Viel später erfuhr ich, dass der Pastor ein Hauslehrer der Söhne des Grafen war.

Die blau gestrichenen Bänke mit roten Verzierungen werden von Stuhlwangen begrenzt. Sie sind unterschiedlich breit und tragen verschiedene Schnitzereien. Auf der letzten Stuhlwange steht die Jahreszahl 1624. Das war das Baujahr der Kirche in Osterwohld.

Fast alles in der Kirche erinnert auch an Katastrophen durch Stürme und Land unter. Wir gehören zu den Utlande. Das bedeutet: das Land draußen vor. Auf Hooge sind wir wirklich draußen vor und gelten als Bollwerk für das Festland. Die Halligen werden bei Sturm als Erstes von den höher werdenden Fluten überrollt. Im Winter werden wir vom Eis eingeschlossen, allerdings in den letzten Jahrzehnten immer seltener.

Mit am eindrücklichsten ist für viele Besucher der Kirchenboden. Er ist zweigeteilt. Die Laufwege von den Türen bis zum Altar waren früher mit Holzbohlen versehen. Heute liegen dort Fliesen. An den Seiten unter den Bänken und Fußbrettern befindet sich ein Sandmuschelgemisch, denn unter den alten Halighäusern gab es keine Fundamente. So steht auch die Kirche auf dem nackten Kleiboden und das Sandmuschelgemisch ermöglicht dem eindringenden Wasser bei Land unter, von alleine zu versickern. Meterhohe Brandung brachte bei der Sturmflut des Jahres 1825 Hauswände zum Einstürzen, sodass der damalige Landesherr, der dänische König Frederik VI., um Hilfe gebeten wurde, die er auch leistete. Eine Gedenktafel links von der Südertür zeigt den

Wasserstand der Flut von 1962. Das Wasser stand dem Pastor damals bis zu den Knien!

Die bleiverglasten Fenster haben seit über hundert Jahren nichts von ihrer Strahlkraft verloren. Das eine zeigt Jesus, der Petrus aus den Fluten rettet, nachdem er wie sein Herr auf dem Wasser laufen wollte. Offenbar war es nicht gut um Petri Glauben und Vertrauen bestellt, denn ohne Jesus wäre er elendig ertrunken. Genauso hatte sich ein junger Mann gefühlt, der auf seiner jährlichen Fahrt zu seinem Bruder über Bord ging und in letzter Minute gerettet wurde. Das Fenster spiegelt den Dank für die Rettung wider. Das andere Fenstermotiv zeigt Jesus als Guten Hirten. Wenn ich meine Großmutter zum sonntäglichen Kirchgang begleitete, habe ich mir immer dieses Bild betrachtet – es ist sozusagen mein »Lieblingsblickfang«.

Eine Gestühlstür von 1743 führt heute zur Kanzel. Im Aufsatz sind die Insignien des Stifters mit seinem Berufsstand eingeschnitzt. Der Stifter war Kapitän eines Walfängers. Deshalb ziert das Relief einer Walmutter mit Kalb die Krone der blauen Tür. Darunter ist ein bunter Spiegel mit einem Segensspruch des Kapitäns und seiner Frau: »Der Ein-und Ausgang mein, soll dir, o Herr, beschieden sein.«

Eine andere Gestühlstür, die heute die Empore vom übrigen Kirchenraum trennt, ist weniger aufwendig gestaltet. Sie trägt im Aufsatz den Namen der

Stifterin und die Jahreszahl 1750. Beide Türen waren Auftragsarbeiten. Sie wurden von Seeleuten während ihrer großen Fahrten gefertigt.

Das Kruzifix stammt aus dem frühen 16. Jahrhundert und ist aus roter Eiche gefertigt. Angeblich wurde es nach der Flut von 1825 an die Halligkante gespült und von Hooger Jungs gefunden. Da es arg in Mitleidenschaft gezogen war, ohne Unterschenkel und mit zerbrochenen Armen, legte man es zunächst auf dem Dachboden der Kirche in einen Sarg. Dann vergaß man es. Viele Jahre später wurde es durch Zufall wiederentdeckt, von einem Hooger Künstler liebevoll restauriert und in die Kirche gebracht. Mich mahnt dieses Kreuz eindrücklich, die eigene Endlichkeit anzuerkennen.

Im Mittelgang hängt ein Schiff von der Decke, es segelt hart an der Kanzel vorbei. Angefertigt haben es sechs »Jungmannen«, so hießen damals die Jungs, die eine seemännische Ausbildung machten. Als 1806 von Napoleon die Kontinentalsperre verhängt wurde, konnten die Jungs nicht mehr zur See fahren und saßen zu Hause fest. In dieser Zeit bauten sie ihr Schiff als Modell nach. Auch dieser schöne Kunstgegenstand geriet später leider in Vergessenheit. Erst nachdem 1825 der dänische König als Landesherr die Schäden der dritten Mandränke in Augenschein nahm, erinnerte man sich an das Modell. Es schien das passende Dankgeschenk für die königliche Hilfe zu sein – wurde gereinigt, mit frischer Farbe aufgehübscht und mit dem Namen von König Frederik VI. versehen. Der lehnte das Geschenk jedoch ab und überließ es den Hoogern. Seitdem hängt es in der Kirche.

Auch die Orgel, Baujahr 1959, hat eine schöne Geschichte, denn sie kam auf besondere Weise nach Hooge. Schon Ende November waren die Halligen und Inseln damals durch das Eis vom Festland abgeschnitten. Nur auf dem Luftweg konnten die Bewohner mit Lebensmitteln versorgt werden. Da die neue Orgel unbedingt zu Weihnachten erklingen sollte, transportierte man sie ebenfalls durch die Luft. Jedes einzelne Teil kam per Hubschrauber. Der spektakuläre Transport versetzte die Halligkinder in pure Aufregung, es war eine Sensation.

Es braucht Zeit, um das, was St. Johannis ausmacht, zu entdecken. Die Kirche scheint sich auf den ersten Blick neben das große Pastorat zu ducken. Aber nach und nach spürt man ihre Erhabenheit. Es scheint mir immer, als würden die Gebete der alten Halligbewohner lebendig, wenn ich all das betrachte, was für diesen Kirchbau und seine Ausstattung geschrieben, geschnitzt und gemalt wurde. Man spürt die Nöte und Ängste der Menschen. Man vernimmt ihr Singen und Danken.

Ja, St. Johannis ist klein, aber für mich ist sie Gottes Wohnzimmer, in das er mich einlädt.

173 1–3
61 1–3
114 1+2
3+4
163

11
WEIHNACHTEN AUF DER HALLIG

Auch wenn die Hooger keine allzu eifrigen Kirchgänger sind, fühlen sie sich in Gottes Wohnzimmer, ihrer kleinen Kirche wohl. Wir singen, beten, reden, teilen das eine oder andere miteinander und führen zur Weihnachtszeit Krippenspiele auf. Die Aufführungen sind ungewöhnlich und frech, herzlich und unterhaltsam. Zum einen, weil wir Plattdeutsch reden, zum anderen, weil die Mitwirkenden eine bunt gemischte Truppe sind. Kinder, Erwachsene jeden Alters und Freiwillige der Schutzstation Wattenmeer machen mit.

In meinem ersten Jahr auf der Hallig ist die Zeit zu kurz, um ein Krippenspiel einzuüben, aber in all den nachfolgenden Jahren finden Aufführungen statt.

Im Oktober beginne ich mit den Vorbereitungen. Die Bandbreite der Inhalte reicht von traditionell bis unkonventionell. »Großmutter erzählt« und »Wie man ein Engel wird« gehörten zu den klassischen Stücken, die ich ins Plattdeutsche übersetzte. »Die

Hooger Halligmusikanten« und »Weihnachten mit den Herdmanns« sind unkonventionell und sorgen für Überraschung.

Anfang November informiere ich die Hooger im Kirchenbrief und bitte, dass sich jeder meldet, der beim Krippenspiel mitmachen möchte. Das ist allerdings eine erste, nicht unbedingt kleine Hürde, denn bis auf ein oder zwei Interessierte meldet sich zunächst keiner bei mir! Also spreche ich jede Familie und deren Kinder einzeln an und werbe dafür, dass es ein tolles Spiel werden wird, bei dem alle viel Spaß haben. Als die Truppe endlich vollständig beisammen ist und jeder sein Manuskript hat, treffen wir uns in der Kirche, verteilen die Rollen und lesen das komplette Stück einmal laut vor. Dann werden die Kostüme und Requisiten besprochen und festgelegt. Zum Glück haben wir einen reichen Fundus an Engelsflügeln, Laternen und Hirtenstäben, Umhängen für Maria, die Könige und manches mehr. Alle werden mit dem Auftrag entlassen, bis zur Generalprobe den Text zu lernen und sich um weitere Requisiten und Kostüme zu kümmern.

Hört sich doch alles gut und schlüssig an, oder? Die Wirklichkeit ist jedoch anders. Einige vereinbarte Treffen fallen aus, weil ein Großteil der Darsteller auf dem Festland zum Einkaufen ist, oder wir proben nur mit halber Besetzung. Die Zeit bis zum ersten Advent läuft uns im wahrsten Sinne des Wortes einfach davon. Jedes Jahr gelingt es uns bis Weihnachten meistens nur ein Mal, das Stück wirklich vollständig und ordentlich durchzuspielen. Der guten Laune schadet das nicht. Aber irgendwann wird es ernst – die Generalprobe steht an: Sonnabend um 16 Uhr, mit Kostüm und Maske, Musik und mehr oder weniger auswendig gelerntem Text. Immer ist die Generalprobe eine überbordend lustige Angelegenheit, obwohl fast nichts klappt. Einmal sitzen die Engelsflügel nicht richtig, weil die Haltegummis ausgeleiert sind. Ein anderes Mal wird die Puppe, die als Jesuskind dienen soll, in der Kita vergessen. Nun sitzt stattdessen ein Spielzeugschaf in der Krippe. Die Hirten können sich nicht einigen, wie sie Hosen, Hemden, Felle und Hüte untereinander aufteilen sollen. Maria ist unzufrieden mit Josef, weil er sich nicht um sie kümmert. Und die Könige fallen mit ihren prächtigen Gewändern auf, haben jedoch »das Gold« zu Hause vergessen. Alle schnattern und flattern aufgeregt umeinander. Die Kirche ist jedenfalls angefüllt mit Lachen und Geschäftigkeit. Auf los geht's los. Wir stolpern durch die Probe. Wer soll eigentlich wann wo genau stehen? Und wer soll wann etwas sagen? Es herrscht Konfusion, auch wenn alles vorher natürlich besprochen und festgelegt wurde. Einige Darsteller sind nur undeutlich zu verstehen. In der Aufregung sprechen sie zu schnell und zu leise, verhaspeln sich mittendrin. Wie war noch einmal der Text?

Wir schaffen einen Durchlauf und ich bekomme leichte Bauchschmerzen, wenn ich an die Aufführung am nächsten Tag im Gottesdienst denke. Aber meine Sorge ist unnötig. Das Krippenspiel wird letztlich wie immer ein großer Erfolg. Denn es kommt gar nicht so genau darauf an, dass alles klappt. Die Begeisterung ist da. Und der Wille zählt.

Die vier Wochen der Vorbereitung sind für uns alle wie ein Geschenk. Wir haben viel Spaß und es entsteht eine schöne Gemeinschaft. Die Freude und Begeisterung der Zuschauer sind am Ende der schönste Dank für den Einsatz. Nach dem Gottesdienst feiern wir gemeinsam im Pastorat mit Glühwein, Kaffee und Tee, Kuchen und Suppe.

Drei Krippenspiele sind mir in besonderer Erinnerung geblieben. Irgendjemand hatte einen jungen Hooger, der auf dem Festland zur Schule ging, überredet mitzuspielen. Er bekam die Rolle des Herodes und trat im Krippenspiel mit erhobenem Schwert in den Mittelgang der Kirche. Er trug einen Umhang in königlichem Blau sowie eine Krone und intonierte majestätisch mit Donnerstimme: »Ik bin Herodes, König vun Judäa. Un een Saak is kloor: König wüll ik blieben bit an't Enne vun min Leben. Min Königskroon, de hool ik fast mit Hannen un Pooten: Um se to behooln, gah ik notfalls öwer Lieken un dorför is mi jedeen Middel recht.«

(Ich bin Herodes, König von Judäa. Und eine Sache ist klar: König will ich bleiben bis ans Ende meines Lebens. Meine Königskrone halte ich fest mit Händen und Füßen: Um sie zu behalten, gehe ich notfalls über Leichen und dafür ist mir jedes Mittel recht.)

Der Junge war grandios! Gänsehaut pur mit einem einzigen Auftritt. Leider spielte er in den nächsten Jahren nicht mehr mit.

Das zweite Stück war ein Affront – nicht für die Mitwirkenden, sondern für die Zuschauer. Dem Ensemble und mir war von Anfang an klar gewesen, dass dieses Krippenspiel für Empörung sorgen würde. Trotzdem oder gerade deswegen haben wir es ausgesucht.

Es war in der Tat eine Frechheit, die »Bremer Stadtmusikanten« als »Hooger Halligmusikanten« in einem Krippenspiel auftreten zu lassen. Aber was für ein Spaß! Alleine die Überlegungen, wer welche Rolle übernehmen sollte und wie wir die Kostüme für Esel, Hund, Katze und Hahn gestalten würden, endeten in Lachsalven. Manchmal konnten wir uns bei den Proben vor Lachen nicht bewegen.

Wir haben es durchgezogen und mit viel Verve und Witz gespielt. Der Applaus war zögerlich, die Kommentare blieben verhalten. Manche sagten, dass das doch wohl kein richtiges Krippenspiel und doch irgendwie auch überzogen gewesen sei. Dabei war alles vorhanden: Maria, Josef und das Kind, die Hirten und der Engel und eben das Tierquartett, das dem Jesuskind huldigen wollte.

Na ja, Theater muss nicht allen gefallen, sondern darf ab und zu eine Herausforderung sein. Die *Hooger Halligmusikanten* waren eine.

Ein Jahr später fielen dann »die Herdmanns« auf Hooge ein. *Hilfe, die Herdmanns kommen* war ein Lieblingsbuch meiner Kinder und die Geschichte »Weihnachten mit den Herdmanns« lasen wir jedes Jahr aufs Neue in der Adventszeit bei Kerzenschein. Diese Geschichte wollte ich schon längst als Krippenspiel umsetzen. Zum Glück gab es auch eine plattdeutsche Übersetzung.

Diese Herdmann-Kinder hatten es in sich. Sie waren laut und kodderig, allem und jedem gegenüber respektlos, aber am Ende des Spiels wurden sie ganz still, verzaubert und überflutet von Gefühlen, die ihnen bis dahin unbekannt waren. Sie gewannen die Herzen derer, die sie zuvor als lausige Gören, Lügner und Betrüger bezeichnet hatten. Genauso erging es auch den Zuschauern.

Gespannt warteten diese zu Beginn des Stückes auf Maria und Josef, die anscheinend nicht kamen. Als sie dann plötzlich im Mittelgang standen und zum Altar schlurften, ging ein Raunen durch die Kirche. Ob die beiden sich wohl verirrt hatten? Das konnte doch nicht das Heilige Paar sein? Maria sah aus wie ein Punk mit lila und grün gefärbten Haaren, stapfte in Militärstiefeln durch den Gang und ihr großzügig ausgeschnittenes Oberteil rutschte ihr von einer Schulter. Eine zerrissene Jeans flatterte um ihre Beine. Über die Schulter hatte sie sich eine Babypuppe geworfen, der sie ab und an auf den Rücken klopfte, bevor sie mit einem Schwung in der Krippe landete. Josef sah auch nicht viel besser aus: Seine Haare standen wirr vom Kopf ab, sein T-Shirt war mit einer erhobenen Faust bedruckt und die ausgefransten Fäden seiner Hose wehten über seine nackten Füße. Was für ein Anblick!

Der Verkündigungsengel, der sich sonst im Krippenspiel immer vollkommen, hell und golden offenbarte, zog einen abgerissenen Flügel hinter sich her. Der andere baumelte nur noch mit einem Stoffstreifen an seinem Rücken. Und statt eines langen weißen Kleides trug er ein schmuddeliges und viel zu kurzes Gewand. Die Strümpfe kringelten sich um seine Knöchel und die Schuhe waren viel zu groß. Mit brachialer Gewalt bahnte sich der Verkündigungsengel den Weg durch die Schar der anderen Engel und bölkte: »He! Ik heff jem wat to vermelln: Een Kind is hüüt geboorn!« (He! Ich habe euch etwas zu verkündigen: Ein Kind ist heute geboren!) Schnappatmung bei den Zuschauern!

Die Heiligen Drei Könige schritten natürlich auch nicht königlich gewandet daher, sondern schleppten sich wie Landstreicher durch die Kirche. Wo blieben

Weihrauch, Myrrhe und Gold? Hatten sie keine Geschenke? Doch, einer bugsierte etwas Schweres auf dem Rücken. Es war ein Schinken! Was wollte er damit? Ehe die Zuschauer begriffen, was er vorhatte, krachte der Schinken mit einem gewaltigen Rums vor der Krippe auf den Boden. Anschließend lümmelten sich die drei Könige auf den Altarstufen.

Es dauerte eine Weile, bis die Ersten klatschten. Aber nach und nach wurde der Applaus lauter. Das Stück hatte auf seine schräge Art dann doch gefallen. Alle gingen mit dem Gefühl nach Hause, etwas Berührendes erlebt zu haben. Den Schinken haben wir anschließend beim gemütlichen Beisammensein genüsslich verspeist.

12
RUMMEL, RUTTJE – DER ALTJAHRSABEND

Auf den Halligen wird gern gefeiert. Wenn der Advent schon so ungewöhnlich sein kann, wie wird dann erst Silvester?

Wir verabschieden das alte Jahr, indem wir uns verkleiden, Lieder singen, Schnittchen und Futtjes essen und Teepunsch trinken. Die Kinder sammeln Süßigkeiten ein. Das Ganze ähnelt dem Karneval und heißt in Nordfriesland: Rummelpottlaufen!

Schon als Kind ging ich am Altjahrsabend mit meinem Großvater auf Pellworm von Haus zu Haus. Meistens war ich als Holländer Meisje verkleidet. Mein Onkel hatte mir echte holländische Holzschuhe geschenkt und meine Mutter nähte mir eine typische Haube. Wir zogen von Haus zu Haus und sangen vor geöffneten Türen:

»Rummel, rummel, ruttje,
gäv min lütte Futtje,
krieg ik een, so bleiv ik stahn,
krieg ik twee, so wüll ik gahn,

krieg ik dree, so wünsch ik Glück,
dat de Ollsch mit de Bessen to de Schosssteen rutflüggt.«

Die erste Zeile kann man nicht übersetzen, die zweite lautet:
»gib mir einen Futtje (typisches Fettgebäck),
bekomme ich einen, so bleibe ich stehen,
bekomme ich zwei, so will ich gehen,
bekomme ich drei, so wünsche ich Glück,
dass die Alte mit dem Besen zum Schornstein rausfliegt.«

*

Nach ausgiebiger Bewunderung des Kostüms und des Gesangs gab es für mich Süßigkeiten und für meinen Großvater Teepunsch. Danach marschierten wir zum nächsten Haus. Genauso haben es meine Kinder später in Niebüll gemacht. Die Jungs waren die ersten Jahre als Heilige Drei Könige unterwegs, meine Tochter als Kosakin – was sie mir heute noch vorhält, weil sie auch gerne Königin gewesen wäre. Als meine Jungs älter wurden, zogen sie in roten Overalls und mit einer Schubkarre los, die sie sonst für die vom Vater angesetzte Gartenarbeit brauchten. Am Ende war die Karre voll mit Süßigkeiten und Geld.

Die Hooger haben ihre eigene Rummelpottlauf-Tradition. Hier bleiben die Gruppen nicht vor der Tür stehen, sondern ziehen, wenn ihnen geöffnet wird, mit Gesang ins Haus. Erst wenn ein angemessenes Repertoire an Liedern präsentiert wurde, gibt es Schnittchen, Futtjes und vor allem Teepunsch. Eine weitere Hooger Besonderheit ist, dass jede Gruppe ein Motto wählt. Sie dichten Lieder um und verkleiden sich so, dass alles zum Motto passt. So fiel schon einmal eine Horde Wikinger ein, bei anderer Gelegenheit kam ein Pestarzt mit elenden Gestalten vorbei. Wir hatten das alte Griechenland zu Gast, eine illustre Gesellschaft aus den 20er-Jahren, verwegene Seeleute, eine schillernde Artistentruppe und die Hooger Müllmänner.

Für das Rummelpottlaufen kommen sie zuhauf – Kinder und Erwachsene, Einheimische und Gäste und die Schutten. Das sind junge Leute, die in der Schutzstation Wattenmeer ihr Soziales Jahr oder ihren Bundesfreiwilligendienst leisten. Sie stecken in den abenteuerlichsten Verkleidungen und präsentieren Musik von schräg bis professionell. Einige singen a cappella, andere begleiten die Liedtexte mit Gitarre, Mundharmonika oder Ukulele. Es ist immer grandios und, ganz im Gegenteil zu früher, harmlos. Es gab nämlich eine Zeit, da haben die Jugendlichen von der Hallig denjenigen, die nicht ihre Tür öffneten, Streiche gespielt. Sie schwärzten die Tür mit

Kohle, stellten einen Stuhl aufs Reetdach oder bauten sämtliche Heckpfähle ab und verschleppten sie. Einmal haben die Jugendlichen einen Leiterwagen mit Koks und Briketts gekapert und nach und nach entladen. Die Säcke fand man anschließend an beiden Seiten der Straße von Mitteltritt bis Hanswarft aufgereiht.

Wichtig ist beim Rummelpottlauf natürlich vor allem auch der Teepunsch. Wenn er sehr gut schmeckt, bleiben die Gäste sitzen, bis die nächste Gruppe vor der Tür singt. Wenn er nicht ihren Geschmack trifft, geht es ziemlich schnell zum nächsten Haus weiter. Kurz vor Mitternacht ist dann Schluss und alle ziehen nach Hanswarft ins »Hallig Hus«. Dort werden die Gruppen mit der besten Verkleidung und Darbietung gekürt. Ich bleibe im Pastorat und warte auf den aus meiner Sicht eigentlichen Höhepunkt: das Läuten der Kirchenglocke zum neuen Jahr.

Dann stehe ich allein auf der Warft, höre den Klang der Glocken und freue mich, dass ich hier sein darf.

Auf den benachbarten Halligen, den Inseln und an der Küste des Festlandes funkeln die Lichter der Häuser, hier und da ist Feuerwerk zu sehen. Auch wenn das Abbrennen von Feuerwerkskörpern auf den Halligen und Inseln verboten ist, sieht man doch ab und an Raketen aufsteigen und bengalische Feuer leuchten.

Ich lasse das vergangene Jahr an mir vorbeiziehen und bin neugierig auf das neue. Wenn ich Glück habe, bleibt der Himmel wolkenlos. Dann gehe ich unter einem wunderschönen Sternenhimmel nach Hause und falle dankbar ins Bett.

13
RENNEN UND RETTEN

Gemütlich sitzen wir im Wohnzimmer und feiern Hannes' Geburtstag mit Teepunsch, leckeren Brötchen und alten Geschichten. Ein Blick aus dem Fenster katapultiert uns in die Realität zurück. Der Wind frischt weiter auf und entwickelt sich zu einem heftigen Sturm.

Es ist nicht so, dass Land unter die Hallig unvorbereitet trifft. Der Wetterdienst warnt frühzeitig und regelmäßig. Außerdem achtet jeder selbst auf die Zeichen wie Mondstand, Windrichtung und Windstärke. »Wenn jem ohne natte Fööt noch noh Huus wülln, möten jem nu los!« (Wenn ihr noch ohne nasse Füße nach Hause wollt, müsst ihr jetzt los!), ist auf der Hallig ein geflügeltes Wort.

Wenn es so weit ist, beginnt das Rennen und Retten, aber kein Flüchten vor der Flut! Die Kutschen bugsiert man die Warft hinauf und die Pferde werden in die hoch gelegenen Gatter gebracht. Das Vieh sperrt man in die Ställe und alles, was wegfliegen könnte, wird festgebunden. Heute früh wurden die

Papp- und Flaschencontainer von der Schleuse entfernt und auf Ockelützwarft in Sicherheit gebracht.

Als wir aufbrechen, steht der Westen der Hallig schon unter Wasser. Die weißen Brecher rollen donnernd über den Sommerdeich, der Sturm brüllt uns seine Wut entgegen und die Straße ist stellenweise schon überflutet.

Dank des Gespürs und des Wissens der erfahrenen Halligleute, die mit einer erstaunlichen Genauigkeit voraussagen können, wann das Wasser wo sein wird, kommen wir alle trockenen Fußes nach Hause.

Jetzt stehe ich in meiner Wohnung am Fenster und genieße den Ausblick. Die ganze Hallig hat sich in eine einzige Wasserfläche verwandelt. Der Wind treibt Schaumkronen darüber. Vögel fliegen schimpfend in die Höhe, um sich dann wieder im Sturzflug ins Wasser fallen zu lassen. Der Sturm rüttelt an den Fenstern und lässt die Dachisolierung flattern. Dunkle, drohende Wolken jagen über alles hinweg und das Wasser schiebt sich die Warft hoch.

Nun heißt es warten! Lässt der Sturm nach, bevor der Ebbstrom einsetzt, oder drückt die Flut noch mehr Wasser nach?

Irgendwann muss mein Hund Störtebeker an die Luft. Ich ziehe mich warm an, als würde ich auf eine Arktisexpedition gehen, und schlüpfe in lange Gummistiefel. Als ich die Hausecke erreiche, werde ich fast umgerissen, der Hund hat Mühe, nicht abzudriften. Es ist ein herrliches Gefühl und ich schreie vor lauter Lebenslust gegen das Tosen an. Störtebeker ist aufgedreht. Vor seiner Nase schwimmen Enten, die er nicht erreichen kann, weil er an der kurzen Leine hängt. Trotzdem versucht er es immer wieder. Ich stiefele mit ihm über das obere Drittel der Warft, als plötzlich ein kleiner Seehund vor uns ins Wasser robbt. Er ist auf die Warft gespült worden und sucht nun gleich wieder das Weite. Schwups, weg ist er!

Ein paar Schritte weiter treffen wir auf Ratten, die hier oben Schutz vor dem Wasser suchen. Sie sehen uns dreist an und bleiben frech sitzen.

Bevor es dunkel wird, sind wir wieder im Haus. Der Sturm scheint etwas von seiner Wut verloren zu haben. Ich sehe aus dem Fenster, das Wasser hat sich weitgehend beruhigt, das Mondlicht glitzert darauf. Nachdenklich gehe ich ins Bett. Welcher Anblick wird mich wohl morgen früh erwarten?

*

Das Wasser ist abgeflossen, es weht ein leichter Wind und vom Himmel strahlt eine unschuldige Sonne. Die Gräben und Flieths sind bis zu den Rändern mit Wasser gefüllt. Nur der mit Müll übersäte Teekwall, der sogenannte Spülsaum, an der Warft zeigt die Höhe des gestrigen Wasserstandes, sonst erinnert nichts mehr an die Flut.

Im Teekwall hat sich jede Art Zivilisationsmüll verfangen: ausgefaserte Plastiktaue von Schiffen in Blau, Grün und Orange, rosa Badelatschen, Plastikflaschen, Ölkanister, ein roter Spitzenslip, Styroporkästen, ein schwarzes T-Shirt mit »Viking«-Aufdruck und dazwischen ein Tintenfisch-Schulp, der aussieht wie eine ausgefranste Einlegesohle, und tote Vögel mit und ohne Kopf. Vielleicht schwemmt das nächste Landunter alles wieder weg oder nur weiter nach oben, wenn der Wasserstand höher ist. Wir nehmen es, wie es kommt. Was an Müll übrig bleibt, harken wir zusammen und entsorgen es.

Wasser ist eine Naturgewalt, Land unter ein Naturschauspiel. Ich kann mich gar nicht daran sattsehen!

Oft werde ich von Urlaubsgästen gefragt, ob ich in solchen Situationen keine Angst habe. Die Antwort lautet: Nein! Es ist mir noch nie in den Sinn gekommen, Angst vor dem Wasser zu haben. Es gehört einfach zum Leben auf den Halligen und Inseln dazu. Das Rauschen der Wellen, das Auf und Ab von Ebbe und Flut begleiten mich von klein auf an.

Die Gefahr, durch Land unter zu Schaden zu kommen, hat sich seit den 1990er-Jahren verringert. Man baute einen zusätzlichen Ringwall als Schutz um die Warften, sodass nicht bei jedem größeren Landunter das Wasser in die Häuser läuft.

Wir Hooger sind sicher in unseren Häusern. Aber

wie lange noch? Der zunehmende Klimawandel gefährdet unser Land. Aus diesem Grund hat der Bund 90 Millionen Euro zur Verfügung gestellt, um die Warften und damit auch das Festland zu sichern. Denn gäbe es die Halligen nicht, würde der Sturm die Küstenlinie umso heftiger treffen.

*

Ich habe seit Kindheitstagen das Brüllen des Sturmes und das Klatschen des Wassers im Ohr, sie übertönen alles – auch das Schreien der Gebärenden in den Wehen und den ersten Schrei des Neugeborenen.

Es wurden auf den Halligen und Inseln immer wieder Kinder mitten im Getöse der Urgewalten auf dem Heuboden geboren, aber auch auf dem Schiff meines Großvaters, weil dem neuen Erdenbürger der Weg zum Krankenhaus in Wyk zu lang erschien. Und fast immer waren Mutter und Kind wohlauf!

Wie es wohl ganz früher war, als die Warften niedriger und die Häuser kleiner waren? Dann wurde das Vieh im Stall losgebunden, damit es sich nicht im steigenden Wasser in seinen Halterungen erhängte. Das Wasser hat die gesamte Großfamilie auf den Heuboden gedrängt, wo sie Zuflucht suchte. Sie nahmen alles mit, was wichtig war, um die Zeit, während der die Flut andauerte, zu überstehen: Essen, Getränke, Decken, Werkzeuge, natürlich Dokumente und

Geld. Solange der Sturm an allem zerrte und unter ihnen im Haus das Wasser wütete, konnten sie nichts anderes tun als warten. Nichts war vor dem Sturm sicher! Keine Hilfe in Sicht! Sie hofften auf den Beistand von »dem da oben«. Auf Gott haben die Bewohner der Halligen immer wieder vertraut und im Glauben an ihn Neues aufgebaut.

Und sie haben sich gegenseitig geholfen, früher und heute. Das war und ist selbstverständlich, weil angesichts der Sturmgewalten einer alleine nur wenig ausrichten kann. Genauso sind viele Hände und Kräfte nötig, um die Schäden danach zu beheben. So wie nach der großen Flut 1962, als ein Kutter an der Schleuse losgerissen wurde und etwas unsanft auf der Kirchwarft landete. Mit viel Geschick, Treckern, Brettern und Menschenkraft konnte er wieder ins Wasser gebracht werden.

Die Sorge, es könnte jemandem etwas zustoßen, beim Sichern, Vertäuen und Einsammeln, ist auch immer da. Einmal gab es eine spektakuläre Rettungsaktion, als ein Halligbewohner sich beim Festzurren einer Plane mit einem Spanngummi verletzte. Der Haken am Ende des Gummiseils war nicht eingerastet, schnellte zurück und landete im Auge. Was tun? Das Wasser stand schon halb die Warft hoch, der Sturm raste mit Stärke elf. Aber es nützte ja nichts, der Mann brauchte dringend Hilfe. Es wurde ein Hubschrauber angefordert, einen Versuch war es immerhin wert –

und er kam auch tatsächlich! Der große Rettungshubschrauber, der nach einiger Zeit von Helgoland kam, stand schwankend über der Warft. Man ließ einen Rettungskorb, mit Ballast versehen, bis kurz über das Wasser herunter, der Patient wurde hineingehievt, nach oben gezogen und ins Krankenhaus gebracht, das Auge gerettet. Ein Hoch auf die Möglichkeiten der heutigen Zeit! Wie oft haben unsere Vorfahren wohl dringend Hilfe gebraucht – und vergeblich darauf gewartet?

Aber es gibt auch mitten im Sturm romantische Geschichten. An einem Herbsttag saß ich mit einer Studentin, die als Saisonkraft im Café gearbeitet hatte und noch ein wenig auf Hooge bleiben wollte, und einem jungen Vermessungstechniker auf dem Heuboden eines Hauses, wohin wir vor Sturm und Flut geflüchtet waren. Wir hörten dem Heulen und Brausen zu und warteten, dass der Sturm nachließ.

Die beiden wirkten nicht unbedingt ängstlich, aber sie hatten durchaus Respekt vor den Naturgewalten, das merkte man. Beim nächsten Blick, den ich ihnen zuwarf, waren sie näher zusammengerückt und redeten miteinander.

Als ich nach einem kurzen Schlaf von einem gewaltigen Rums geweckt wurde, irgendetwas war wohl an die Hauswand geschlagen, saßen die beiden Händchen haltend. Und am Ende schlief sie in seinen Armen ein.

Bald danach verließen beide die Hallig, sie ging zurück ins Studium und sein Arbeitsauftrag auf Hooge war auch beendet. Nach einem guten Jahr flatterte die Heiratsanzeige ins Haus. Auf der Vorderseite eine Zeichnung von Hanswarft, umgeben von einer sich aufbäumenden Wassermasse, die in diesem Fall Partnervermittlung gewesen war.

14
DE KOPP VULL VUN IDEEN

Obwohl ich die Hallig und ihre Bewohner kenne, überraschen sie mich immer wieder.

Gemütlich sitze ich im Obergeschoss meiner Wohnung und lese. Von Zeit zu Zeit lasse ich das Buch sinken und schaue aus dem Fenster über die Hallig bis hin zur Schleuse. Plötzlich verfängt sich mein Blick an etwas. Was war das? Jetzt sehe ich es genauer. Es kommt langsam näher – ein Traktor. Auf der flachen Kante am Heck ist ein Kasten montiert. Ich kneife die Augen zusammen. Steht da jemand auf diesem Kasten? Der Traktor gehört jedenfalls Thomas, das erkenne ich an der Farbe. Eine kleine, ältere Frau klammert sich an die Verstrebungen des Führerhauses, wird vom Wind hin und her geschüttelt. Ist das etwa Lisbeth?

Thomas und Lisbeth haben kein Auto. Bisher ist Lisbeth oft mit dem Fahrrad von Warft zu Warft unterwegs gewesen, doch mit dem Alter wurde es beschwerlicher. Vielleicht hat Thomas deshalb diesen Kasten gebaut und am Traktor montiert. Lisbeth ist jetzt als Trittbrettfahrerin unterwegs und lässt sich von ihrem Mann zum Einkaufen oder zu Geburtstagsbesuchen fahren. Das Ehepaar lebt schon über 50 Jahre zusammen und hat so manches Unwetter miteinander überstanden. Doch ihnen gehen nicht die Ideen aus, wie sie einander unterstützen können. Not macht erfinderisch!

Der Anblick des seltsamen Gefährts, mit dem das alte Ehepaar über die Hallig zuckelt, berührt mich sehr.

*

Eine Freundin sagt mir, dass sich Thea, eine ältere Dame, über einen Besuch von mir freuen würde. Also nehme ich meinen Hund Paris und stapfe mit ihm zu ihrer Warft. Schon von fern höre ich Radiomusik. »Welle Nord« bläst in Theas Wohnung Sturm. Und ich befürchte, sie wird mein Klopfen und Rufen nicht hören. Ich drücke die Klinke herunter, öffne die Haustür, luge hinein und brülle: »Hallo?«

Paris flitzt zwischen meinen Beinen durch und verschwindet im Nebenraum. Die Musik wird leiser und ich höre schleifende Schritte. Thea taucht im Türrahmen auf. Ihr graues Haar steht, wie vom Wind zerzaust, in alle Richtungen ab. Und ihre stechend blauen Augen nageln mich an die Haustür.

Der Dialog ist kurz und kernig:

»Keen bist du?«

»Ik bin Tutje, de Pastersche, un ik wüll di eenfach maal besöken. Wi kenn'n uns vun fröher. Ik weer in'e Ferien ümmer bi min Opa Hein un Oma Meta op Hanswarft.«

»Dat weet ik nich un ik wüll ok nich mit di snacken. Ik tööv op de richdige Paster. Un een Fruu as Pastersche wüll ik al gor nich! Woneem gifft dat denn sowat?«

»Wer bist du?«

»Ich bin Tutje, von der Kirchwarft, und ich will dich einfach mal besuchen. Wir kennen uns von früher. Ich bin in den Ferien immer bei Opa Hein und Oma Meta auf Hanswarft gewesen.«

»Das weiß ich nicht und ich will auch nicht mit dir reden. Ich warte auf den richtigen Pastor. Und eine Frau als Pastorin will ich schon gar nicht! Wo gibt es denn so was?«

Ohne ein weiteres Wort dreht sich Thea um, schlurft ins Wohnzimmer zurück und dreht das Radio wieder auf. Völlig verdattert stehe ich noch immer an der Haustür. Dann drehe ich mich um, mache einen großen Schritt, rufe nach Paris und schließe hinter uns die Haustür. Wir spazieren die Warft hinunter und als ich am Warftfuß ankomme, löst sich meine Anspannung. Lauthals lache ich gegen den Wind und »Welle Nord«, die aus dem Haus dröhnt, an. So etwas ist mir noch nie passiert. Respekt, liebe Thea, sollte ich auch einmal so alt werden, möchte ich auch ohne Umschweife meine Meinung kundtun. Obwohl … wahrscheinlich tue ich es schon, doch hoffentlich nicht ganz so stürmisch.

*

Christi Himmelfahrt. Obwohl wir schon Mitte Mai haben, die Sonne scheint und nur eine leichte Brise weht, ist es noch zu kalt, um den Festgottesdienst im Freien zu feiern.

St. Johannis ist gut besucht, alte Bibeltexte begleiten uns in den Tag, ein Gast spielt wunderschön Orgel. Während die einen in der Kirche zur Ruhe kommen, sind die anderen außer Rand und Band und feiern »Vatertag«.

Als ich mit Paris am Mittag spazieren gehe, begegnen uns Männer vom Festland. Sie ziehen Bollerwagen voller Bierflaschen hinter sich her, sind eigenwillig gekleidet – manche sind sogar nackt, wie ich erstaunt feststelle. Mit großem Geschrei werfen sie einen Ball von einem zum anderen und bemühen sich, das Teil nicht in den Gräben zu versenken. Sie grölen zwischendurch zwielichtige Lieder und lachen über jeden Unfug, am meisten lachen sie aber wohl über sich selbst.

Sind das tatsächlich Väter? Ich glaube, eher nicht.

Mit Sicherheit kann ich aber sagen, dass viele am nächsten Morgen einen Kater haben werden. Tja, »selbst gemachte Krankheiten« gehören eben dazu!

Dann kommen mein Hund und ich an »de Hooger Jungs« vorbei. Ich kenne sie alle. Nette, freundliche und fleißige Kerle. Ihren Festwagen, Marke Eigenbau, sehe ich heute zum ersten Mal. Sie haben einen Trailer für Segelboote mit Biertischen und Bänken bestückt. Darüber flattert ein Segel als Sonnenschutz. Die Bänke sind dicht besetzt. Man feiert ausgelassen. Bier und andere geistige Getränke stapeln sich auf dem Boden. Ein Rasenmähertraktor zieht die lustige Last und undefinierbare Musik wummert aus dem Gettoblaster. Eine Wolke aus Bier, Musik, Jux und Tollerei zuckelt über die Hallig. Die Burschen tragen kurze Hosen und T-Shirts, auf denen in großen Lettern der Schriftzug »De Hooger Jungs« prangt.

Jeder, der ihnen begegnet, wird fröhlich begrüßt und bekommt einen passenden Spruch mit auf den Weg. Die Freude ist ansteckend.

*

Vor fast 2000 Jahren schrieb der römische Historiker Tacitus über die Friesen: »Frisia non cantat«. Wie ist er nur zu dieser falschen Annahme gekommen?

Friesen singen oft, gern und gut. Mein Vater saß stundenlang im Bagger und belud das Schiff mit

Sand, dabei sang er aus vollem Halse alles, was ihm in den Sinn kam. Friesen sind auch nicht eigenartig, wie viele behaupten. Sie haben lediglich ihre Eigenheiten. Sie mögen stur, abwartend, wortkarg und wenig flexibel sein, doch immer sind sie unendlich liebenswert!

15
»KINDS KINNER«

Früher fuhr man mit dem Postschiff von Pellworm nach Landsende auf Hooge und nicht wie heute mit der Fähre von Schlüttsiel zum Anleger. Es gab auf der Hallig Hooge weder Teerstraßen noch Autos, sondern nur Traktoren und Leiterwagen für die Heuernte.

Wasser schöpften meine Großeltern mit dem Eimer aus dem Soot, einer runden Zisterne. Das Wasser war bräunlich vom Reet und hatte einen strengen Geschmack. Der Marschboden der Halligen kann kein Süßwasser speichern, deshalb war man auf derartige Regenwasserspeicher angewiesen, die das Wasser sammelten, das von den Dächern der Häuser lief. Erst in den 60er-Jahren wurde begonnen, zu den ständig bewohnten Halligen vom Festland aus Wasserleitungen durchs Watt zu verlegen. 1970 bekam Hooge einen Anschluss an die Trinkwasserversorgung.

Statt elektrischer Glühlampen gab es früher nur Petroleumleuchten, die gespenstische Schatten warfen. Kurzzeitig nutzten sie auch Gaslampen, doch die

Brandgefahr war zu hoch. Die Hooger hatten immer mehr Angst vor dem Feuer als vor dem Wasser.

Die Häuser waren von niedriger Deckenhöhe, dazu dunkel, feucht und kalt. Jede Familie hielt mindestens eine Kuh, die im Sommer fette Milch gab. Man »karnte« von Hand Milch, Butter und Sahne. Das war wichtig, denn ohne Sahne am Essen ging gar nichts! Und: »Mit Rohm kann man nix verdarben«, meinte meine Oma immer.

Die Frauen und Kinder fingen im flachen ablaufenden Wasser mit bloßen Händen Butt (Schollen). Der Fisch buddelte sich ein und kurz vor Niedrigwasser konnte man ihn mit den Füßen fühlen und fangen. »Butt treten« – so nannte man diese Art Fischfang im Watt.

Wir sammelten auch Möweneier, die man 20 Minuten lang kochen musste. Auf Brot schmeckten sie hervorragend. Und mit den rohen Eiern wurden Kuchen gebacken.

*

In meinen Erinnerungen sind die Sommer meiner Kindheit hell und warm. Damals flitzte ich mit langen blonden Zöpfen über die Hallig. Für mein Alter war ich groß, doch für die Erwachsenen war ich einfach nur die kleine Tutje.

Blühender Bondesstawe (Halligflieder) bedeckte die Hallig in den Sommermonaten wie ein violetter Teppich. Herbstzeit war Porrnzeit – Krabbenzeit. Nach dem Mittagessen trafen sich die Frauen an dem großen Küchentisch. In der Mitte stapelten sich die Porrn. War der Berg abgearbeitet, wurde von draußen eine neue Kiste geholt, ausgeschüttet und gepult. Das war zeitaufwendig und je später es wurde, umso länger dauerte es. Nicht, weil die Frauen lustlos oder müde waren, sondern weil sie reichlich Teepunsch tranken. Es wurde gepult und gelacht, gepult und getrunken, gepult und erzählt. Wenn die Männer von der Arbeit dazukamen, fanden sie eine fröhliche und leicht »duune« Frauengesellschaft vor. Freudig schlossen sie sich dieser Runde an. Prost!

Die Winter auf Hooge waren dunkel und kalt. Eis und Schnee trennten die Hallig oft von der übrigen Welt. Dann traf man sich »in'e Schummertied« (Dämmerung) in der Küche oder im »kleinen Pesel«. Denn die kleine gute Stube wurde im Gegensatz zum großen Pesel immer beheizt. Der »Butenböter« (ein Ofen, der vom Stall oder der Küche aus beheizt wurde und dessen Wände oft mit biblischen Motiven versehen waren) bollerte, auf dem Küchenherd summte der Teekessel und im Schein der Petroleumlampe wurde das Tagesgeschehen besprochen und wurden alte Geschichten erzählt.

Wenn ich zurückblicke, erschien mir das Leben früher gemächlicher und irgendwie freundlicher als heute. Natürlich wurde auch damals viel gestritten und der Alltag war mühsam und arbeitsreich, aber die Menschen hatten mehr Zeit, was den Umgang miteinander entspannter machte.

Meine Oma Hooge hatte in den Herbstferien Geburtstag, so konnte ich immer mit ihr feiern. Ich war beeindruckt von dem reich gedeckten Tisch mit Kerzen, bunten Servietten und Blumen in kleinen Vasen. Torten und Plätzchen drängten sich auf der Tafel. Selbstverständlich wurde alles selbst gebacken. Um die Backkunst zu würdigen, mussten Geburtstagsgäste von allem ein Stück probieren, ob Torte, Rührkuchen oder Plätzchen. Alles andere galt als respektlos. Zum Glück waren die Torten nicht vorgeschnitten und man konnte sich ein schmales Stück nehmen.

Noch beeindruckender als den Tischschmuck empfand ich die Sammeltassen. Das verzierte Geschirr war das Statussymbol der Halligfrauen. Je vielseitiger, bunter und umfangreicher eine Sammlung war, umso mehr bewunderte man die Besitzerin. Jede wollte diejenige sein, von der man heimlich sagte: »Dat süht meist so ut, as wenn sie de meeste Sammeltassen hett.« (Es sieht fast so aus, als wenn sie die meisten Sammeltassen hat.)

An den dunklen Winterabenden wurde zum Gastebott (Gesellschaft) eingeladen. Man aß bei solchen Treffen oft Frikadellen mit gestobten Kartoffeln, trank Teepunsch und Grog, und ratschte. Die Männer spielten Skat und die Frauen holten ihre Handarbeiten hervor, die aber meistens nur still auf ihrem Schoß lagen. Dafür arbeiteten ihre Münder und »holten alles übers Land«.

Der Alkohol floss und es tat allen Anwesenden gut, dass es um Mitternacht noch Kaffee und Kuchen gab. Ein Zeichen, dass es danach an der Zeit war, nach Hause zu gehen. Aber so mancher, der sich an der Haustür verabschiedete, kam durch die Hintertür wieder herein. Vielleicht waren ja noch Teepunsch oder Grog übrig?

*

Meine Kindergeburtstage waren dagegen schlicht und bescheiden. Ich hatte drei Wochen nach Weihnachten Geburtstag und die Erwachsenen sagten an Heiligabend: »Dat is ok al för din Geburtsdag mit.« (Das ist auch schon für deinen Geburtstag.)

Wie ich diesen Satz hasste!

Erst als Teenager feierte ich ausgiebiger, soweit es mein konservativer und strenger Vater erlaubte. Er meinte immer: »Du bist noch to jung, um richdig to fiern!« (Du bist noch zu jung, um richtig zu feiern!)

Vielleicht schenkte ich deshalb später meinen eigenen Kindern an ihren Geburtstagen besonders viel Aufmerksamkeit. Jedes von ihnen wurde gebührend gefeiert – mit Lieblingsgästen, besonderen Spielen, Lieblingskuchen, Lieblings-Abendessen und natürlich Götterspeise in Rot, Grün und Gelb.

Seit ich wieder auf Hooge meine Geburtstage feiere, sind es meistens Tage voller Überraschungen. Ich weiß nie, was mich erwartet. Wer wird mich besuchen? Und was bereite ich dafür an Getränken und Speisen vor?

Vormittags kommen zuerst die älteren Herren. Sie werden mit Schnittchen und Teepunsch beglückt. Gegen Mittag kommen die Schulkinder. Sie singen ein Lied und ihr Lehrer begleitet sie dabei auf der Gitarre. Nachmittags erscheinen die Damen zu Kaffee, Kuchen und Likör. Viele von ihnen bleiben bis abends. Zu warmem Büfett, Wein, Bier und Punsch kommen dann auch alle anderen vorbei, die bis dahin gearbeitet haben.

Einmal meinte eine Hoogerin bei einer solchen Gelegenheit: »Ik wuss gor nich, dat du ok koken kannst!« (Ich wusste gar nicht, dass du auch kochen kannst!) Das fühlte sich nicht schmeichelhaft an, aber vielleicht war es ja als Kompliment gemeint.

Heute sind nicht mehr die Sammeltassen wichtig, sondern es ist die Zahl der uneingeladenen Gäste, die dem Geburtstagskind die Ehre geben. Im Laufe der Jahre besuche ich ebenfalls als spontaner Gast Geburtstagsfeiern. Es ist immer wieder ein großer Spaß, dabei in Gedanken die Verwandtschaftsleitern hoch- und runterzuklettern, um jedes Mal festzustellen: Die Hälfte der Halligleute ist miteinander verwandt. Sie sind fast alle »Kinds Kinner«.

»Kinds Kinner« (Kindeskinder) nannten sich die Nachfahren eines bekannten Kapitäns. Er brachte den zukünftigen König Ludwig XVIII. von Frankreich mit seiner Bark von Riga nach Kalmar. Dafür wurde unser Vorfahre königlich entlohnt.

Inzwischen besuche ich nur noch die Ältesten der Gemeinde zum Geburtstag. Das Feiern mit »een Barg schöne Drinken« (viel Schönes zu trinken) überlasse ich den Jüngeren!

*

Früher gab es beim Halligkaufmann nur die wichtigsten Grundnahrungsmittel, einige Schreibwaren, etwas Putzmittel und natürlich Nägel, Schrauben, Tau und das, was man zum Klütern (Werkeln) brauchte. Alles andere bestellte man aus dem Katalog oder in Husum.

Zu Pfingsten wurde auf dem Festland eine Rolle Stoff gekauft. Mit einem einzigen Schnittmuster wurden aus den Stoffbahnen Kleider genäht – für Frauen, Mädchen und Jungs. Sie gaben ein seltsames

Bild ab, so als wäre der große Gleichmacher über sie alle hinweggeflogen.

Mitte des 19. Jahrhunderts war Pastor Koch für die Kirchengemeinde auf Hooge verantwortlich. Er war ein sehr sittenstrenger Mann und befand, dass die Menschen auf der Hallig zu viel Alkohol tranken. Damals wurde der »Brammin« (Schnaps) in Demions abgefüllt. Das waren bauchige Glasflaschen, die mit Korb umwunden waren. Sie konnten 5, 10, 20 und 50 Liter fassen. »Hund« nannten die Hooger die Flaschen, die sie beim Halligkaufmann bestellten. Der bekam sie dann gefüllt mit »Brammin« vom Großhändler in Husum geliefert. Diese »Hunds« mit »Brammin« waren dem Pastor ein Ärgernis, denn Alkohol war Teufelswerk.

Wie sollte der Kaufmann mit diesem Konflikt umgehen? Er überlegte, fand eine Lösung, sprach den Großhändler an und erklärte ihm die Lage. Dann bat er ihn, bei der nächsten Lieferung den »Brammin« mit »Essig« zu etikettieren. Gesagt, getan. Ob Pastor Koch die Schummelei durchschaute, ist nicht überliefert. Er hatte sich aber mit den Halligleuten arrangiert oder sie sich mit ihm, denn er blieb für längere Zeit ihr Pastor.

16
BOßELBALL

Der Boßelball gilt als gesellschaftlicher Höhepunkt auf der Hallig. Schließlich wird dabei der Sieger des friesischen Wurfspiels geehrt. Morgens Boßeln, abends dann das große Fest mit Tanz! Boßel bedeutet Kugel. Der Überlieferung nach haben die Friesen dereinst die Angriffe der Römer abgewehrt, indem sie den Feind mit harten Erdklumpen bewarfen. Beim Boßeln geht es darum, eine mit Blei gefüllte Holzkugel möglichst weit zu werfen. Früher traten bei solchen Wettkämpfen im Norden ganze Dörfer gegeneinander an. Theodor Storm beschreibt das Eisboßeln in seiner Novelle *Der Schimmelreiter*. Und auch heute wird der Brauch noch gepflegt. »Boßelverein Nordsee – 19 *Lever duad üs Slav* 14 – Hallig Hooge« steht auf unserer Vereinsfahne.

Als Kind war ich nie zum Boßeln auf der Hallig, denn im Januar und Februar hatte ich keine Ferien und konnte meine Großeltern nicht besuchen. Aber während meines Studiums war ich einmal mit meinen Eltern auf einem Boßelball. Es wurde viel gelacht, getanzt und getrunken. Ein Theaterstück wurde auf Plattdeutsch aufgeführt und es gab eine amerikanische Versteigerung. Die war damals sehr beliebt. Für eine Mark ersteigerte ich einen Teewagen aus hellem Holz, dessen Tischfläche mit echten Delfter Kacheln belegt war. Ein Hooger hatte den Teewagen gebaut. Ungewöhnlich war, dass das Teil keine Räder hatte – und ungewöhnlich war es auch, weil es überhaupt der erste Teewagen auf Hooge war. Den Teewagen gibt es immer noch, sowie den Aufmarsch mit Fahne, den Boßelwettkampf und das Fest!

*

An einem Samstag im Januar sitze ich im Kirchenbüro und überarbeite meine Predigt für den folgenden Tag. Mein Blick schweift aus dem Fenster. Die Sonne scheint und die dünne Schneedecke glitzert. Eine Menschengruppe zieht von der Hanswarft zur Fenne, ins Weideland in der Mitte der Hallig. Die weiß-blau-rote Vereinsfahne flattert über ihnen. Es sind Boßler und ihre Zuschauer. Die Gruppe stoppt, formiert sich zu einem Ring und plötzlich löst sich aus ihr ein Spieler. Er führt einen eigenartigen Tanz auf. Dreimal dreht er sich im Kreis, dann schnellt sein rechter Arm in die Luft. Obwohl ich aus meiner Position nicht alles sehen kann, weiß ich, dass er gerade eine Boßelkugel von sich stößt.

Jetzt hält mich nichts mehr in meinem Büro. Sonne, Schnee und die heitere Boßelgesellschaft locken mich nach draußen. Mit meinem Hund spaziere ich in die Fenne.

Als wir ankommen, ist der Wettkampf in vollem Gange. Jeder Spieler hat drei Würfe. Die mit Holz ummantelten Bleikugeln sind so groß wie ein Tennisball. Es gibt sie in unterschiedlichen Gewichtsklassen mit 250 g, 375 g und 500 g. Die Weiten jedes Wurfes werden addiert und der Sieger wird anhand des Gesamtergebnisses ermittelt.

Zuerst treten die kraftstrotzenden Männer gegeneinander an. Jeder von ihnen ist auf den Sieg fixiert. Weniger auffallend, aber genauso selbstbewusst kämpfen die Frauen. Den Abschluss bildet der Kinderwettbewerb. Die Kinder wuseln aufgeregt hin und her, giggeln, kichern und machen sich gegenseitig Mut. Erst seit den 1980er-Jahren sind die Wettkämpfe auch für Frauen und Kinder zugelassen. Heute ist Boßeln ein Fest für die ganze Familie.

Zwischen den Würfen wärmen sich die Spieler mit Teepunsch im Vereinslokal »Seehund« auf. In der Kindheit war dieser Ort mein zweites Zuhause. Denn Großmutter hat das »Café zum Seehund« ab 1955 betrieben und in den Sommermonaten für Gäste geöffnet.

Wenn der Wettkampf zu Ende geht, ist so manch einer nicht mehr nüchtern. Die Spieler und Zuschauer zerstreuen sich. Jetzt geht es nach Hause, um sich für den Ball am Abend vorzubereiten. Nur Mitglieder und deren Gäste dürfen am Boßelball teilnehmen. Ich habe das Glück, eine Einladung zu bekommen.

Als ich den Saal betrete, begrüßt mich eine fröhliche Gesellschaft. Es ist ein seltsames Gefühl, in der ehemaligen Schlafstube meiner Großeltern zu stehen. Nach launigen Gesprächen nehmen alle an den festlich gedeckten Tischen Platz. Das Essen ist lecker, wie immer. Es werden Reden geschwungen und dann setzt DJ Hartmut die Musik in Gang. Früher spielten beim Boßelfest Musikanten mit Akkordeon und Schlagzeug zum Tanz auf und zwischen den Liedern gab es humorvolle Einlagen des Schlagzeugers.

Je später der Abend, umso mehr wird der Tresen zum Mittelpunkt des Boßelballs. Köm und Teepunsch fließen reichlich aus Kannen und Flaschen. Die Tanzenden werden immer ausgelassener. Wenn ich vernünftig gewesen wäre, wäre ich längst nach Hause gegangen. Schließlich leite ich am nächsten Morgen den Gottesdienst. Aber immer dann, wenn ich gerade gehen will, hält mich wieder jemand davon ab. Und ich will ja eigentlich auch selbst noch nicht gehen, denn es ist einfach zu schön!

Die Quittung erhalte ich, als mein Wecker morgens klingelt. Wieso eigentlich, war da was? Langsam dämmert es mir – Gottesdienst. Und mir kommen Vaters Worte in den Sinn: »Wer fiern kann, kann ok opstahn.«

(Wer feiern kann, kann auch aufstehen.) Ich kämpfe mich aus dem Bett, mache mich frisch und begrüße wenig später in der Kirche die Gemeinde.

Es sind tatsächlich einige Hooger gekommen. Ich gestehe, dass ich bis morgens um vier Uhr gefeiert habe – aber das wissen alle längst, viele waren ja auch mit dabei.

Gott sei Dank, habe ich den Gottesdienst ohne Pannen überstanden. Als ich endlich auf meinem Sofa liege, frage ich mich: »Bin ich nächstes Jahr vernünftiger? Höre ich auf die kleine Stimme, die mich mahnt, nach Hause zu gehen?«

Denn eins steht fest, Boßeln und Boßelbälle wird es wieder geben – hoffentlich noch viele Generationen lang.

17
MIT DEM WIND UNTERWEGS

Obwohl ich aus einer Seefahrerfamilie stamme, hielt mein Vater nichts davon, dass ich als Mädchen Segeln lernte.

Schwimmen? Ja!

Im Flitzer, seinem schnellen Motorboot, mitfahren? Ja!

Als weiblicher Schiffsjunge in den Ferien arbeiten? Ja!

Segeln? Nein!

Als ich vor einem guten Jahrzehnt nach Hooge zurückkam, machte ich als Erstes den Sportbootführerschein »See«. Das war ein großer Spaß. Ich büffelte die Theorie mit jungen und älteren Männern, wir lachten viel über aberwitzige Antworten und absolvierten die praktische Prüfung in Kiel. Mit einem kleinen Kutter durften wir endlich in »See stechen«, will heißen, wir gondelten über die Kieler Förde.

Mit meinem neuen Bootsschein, so unauffällig wie eine EC-Karte, stellte ich dann als Erstes mein Nichtkönnen unter Beweis. Ein Freund nahm mich anlässlich des Starts der Segelregatta von Hooge nach Helgoland in seinem schnellen Motorboot mit. Später ließ er mich ans Steuer – das war ein Fehler. Denn in diesem Moment vergaß ich alles, was ich gelernt hatte, und raste euphorisch durchs Regattafeld. Der Freund meinte dann kurz vor der Schleuse, er würde mal wieder das Steuer übernehmen. Es gab für mich keine Ermahnung, obwohl ich mit zu hoher Geschwindigkeit mitten durchs Regattafeld gefahren war. Mit diesem Fehler hätte ich die Prüfung nicht bestanden! Als die Segler am nächsten Tag von Helgoland zurückkamen, wurde ich lachend auf meinen »Blödsinn« hingewiesen.

Seit diesem Fauxpas bin ich nur noch ein- oder zweimal auf einem Motorboot mitgefahren, obwohl ich schnelle Boote und schnelle Autos mag – sehr!

Dafür lädt mich ein reizender älterer Herr zum Segeln ein, seine Frau fühlt sich wohler, wenn er in Begleitung ist. Segeln ist schön und nicht so nervenaufreibend und laut, wie mit lärmendem Außenborder übers Wasser zu flitzen.

Bei leichtem Wind und Sonnenschein gleiten wir um die Hallig. Immer wieder bietet sich eine andere Perspektive und immer wieder erhasche ich einen neuen Ausblick. Das Wasser plätschert und schmatzt an der Bootswand und die Segel flattern über mir. Das alles und die interessanten Gespräche machen die Ausflüge zu etwas Besonderem. Auf dem Wasser vergesse ich meine Verpflichtungen und fühle mich frei und losgelöst vom Alltag.

Eines Tages trete ich in den Segelverein ein. Und ehe man sichs versieht, werde ich zur Vorsitzenden gewählt. Im Sommer verbringen wir viele Stunden in und vor dem »Seilerhuus« (Seglerhaus) mit Gastseglern aus den benachbarten Häfen. Einige kommen auch von weit her, aus anderen Bundesländern. Wir grillen, schwatzen und trinken reichlich. Das bleibt nicht ohne Folgen. Einmal verliere ich auf dem Nachhauseweg einen meiner neuen Plastikschlappen. Das wäre nicht weiter aufgefallen, wenn das Teil nicht knall-lila-farbig gewesen wäre. Als ich den Schlappen am nächsten Morgen suchen gehe, ist er verschwunden. Ein netter Zeitgenosse hat ihn vor mir entdeckt, ihn zwischenzeitlich auf die Treppe vor meinem Haus gelegt und dafür gesorgt, dass es jeder mitbekommt. Wen wundert es, dass im Nachhinein viel darüber gewitzelt und gelacht wird?

Das Amt der Vorsitzenden hat zwei Seiten. Zum einen muss ich einiges organisieren, ausarbeiten und verhandeln, zum anderen feiere ich und vergnüge mich bestens. Für viel Spaß und Freude sorgen die Zubringerregatta zu Pfingsten und das Seglerfest im August.

Am Abend vor der Regatta versammeln sich die Hooger und alle gemeldeten Segler, um die Startbedingungen zu besprechen, denn es geht je nach Wasserstand meistens zwischen 5:00 und 6:30 Uhr los. Als Vereinsvorsitzende fahre ich auf dem Begleitkutter mit und leite mit dem Kapitän die Regatta. Es ist jedes Mal ein erhebendes Bild, wenn sich alle Boote an der Startlinie versammeln und beim dritten Heulton die Regatta freigegeben wird.

Jedes Jahr haben wir während der Regatta mit den unterschiedlichsten Wetterbedingungen zu kämpfen. Es gibt Tage, an denen Flaute herrscht, sodass die meisten aufgeben müssen. Viele fahren mit Motorunterstützung nach Helgoland. Manche Unverzagte benötigen fast zehn Stunden, um unter Segeln anzukommen. Bei anderer Gelegenheit herrscht derart starker Wind, dass viele beidrehen. Im Ruderhaus des Begleitbootes schwanken wir auf und ab, sehen für einen Moment nur den Himmel und im nächsten nur Wasser. Einmal muss das Rettungsboot kommen, weil ein Segelschiff in Bedrängnis gerät.

Der Aufenthalt am Zielhafen Helgoland entschädigt dann aber für die Strapazen. Allein der Anblick dieser Insel ist ein Geschenk. Man gleitet über das Wasser und plötzlich hebt sich roter Fels aus dem Meer. Er sieht aus wie der Uluru (Ayers Rock) in Australien. Kurz vor der Küste wippen Hunderte von

Segeln im Wind. Ein Regattafeld nach dem anderen reiht sich auf. Im Hafen sammeln sich alle Arten von Segelschiffen, große und kleine, alte und hypermoderne.

Ich gehe von Bord, vorbei am Büro der Regattaleitung, über die Promenade, an Ständen und Restaurants vorüber – bis hin zu den kleinen Holzhäusern, die dem Unterland der Insel sein typisches Aussehen geben. Die Häuser stehen dicht an dicht und leuchten in unterschiedlichsten Farben von Blau bis Grün und von Gelb bis Rot.

*

Das Seglerfest im August ist ein weiteres Großereignis. Wir bauen ein Festzelt auf, verlegen Kabel für Ton- und Lichttechnik und Kühlgeräte. Einige Aufgaben werden verteilt: Wer kümmert sich um die Bestellung von Getränken und Speisen? Wer betreut den Kaffee-und-Kuchen-Stand? Wer grillt? Wer hilft bei der Essensausgabe? Wer wäscht das benutzte Geschirr ab? Wer macht den Discjockey? Wer organisiert die Kinderregatta und das Tauziehen? Wer lädt die benachbarten Vereine und andere Ehrengäste ein? Wer bittet die Hooger um Kuchenspenden? Jeder im Verein muss mit anpacken und es scheint dennoch so, als würden wir es nicht schaffen. Umso erstaunlicher ist, dass fast immer alles gelingt! Und das nicht nur beim ersten Mal. Es ist übrigens das einzige Fest, auf dem Einheimische und Gäste auf Hooge miteinander feiern, tanzen und trinken.

In den sechs Jahren meines Vorsitzes gibt es viele schöne Momente, interessante Begegnungen und Erfolgserlebnisse. Dennoch lasse ich mich kein zweites Mal zur Wahl aufstellen. Eigentlich wollte ich ohnehin nie Mitglied in einem Verein werden – und schon gar nicht so viel Verantwortung tragen. Nun bin ich von mir selbst überrascht, wie viel Freude und Spaß ich daran hatte. Sage niemals nie.

18
ACH, DAS KOMMT DOCH NICHT ZU UNS …

Die Kirchenglocken läuten das neue Jahr ein. Der Winter ist wieder einmal kein richtiger Winter, sondern eher ein immerwährender Herbst. Tagelang haben wir Land unter und Regen, feiern im Februar das Biikebrennen, betrauern wenig später den Tod einer alten Halligbewohnerin.

Dann hören wir das erste Mal von dieser bislang unbekannten Viruserkrankung. Doch die Halligleute sind sich einig: »Och wat, dat kümmt doch nich hen noh uns!« (Ach was, das kommt doch nicht her zu uns!)

Doch. Es kommt und das Leben steht still. Von einem Tag auf den anderen müssen alle Gäste die Hallig verlassen. Plötzlich sind wir Ende März 2020 ganz unter uns. Wann haben wir das zuletzt erlebt? Natürlich dürfen auch wir uns nicht zum Plausch und Teepunsch treffen, es gilt, Abstand zu halten, um die Corona-Pandemie in den Griff zu bekommen. Trotzdem liegt eine gewisse Leichtigkeit in der Luft.

Wir atmen auf und durch. Selbst die Hooger, die vom Tourismus leben, können sagen: Es geht uns gut!

Dann müssen wir mit schwerem Herzen ein Fest nach dem anderen absagen, wie die Taufe meiner Enkeltöchter und die Konfirmation in St. Johannis. Jetzt spüren wir, wie sehr Corona auch bei uns an Macht gewonnen hat!

Als Mitte Mai die Beschränkungen aufgehoben werden, sind sofort alle Ferienwohnungen belegt. Mit der ersten Fähre kommt eine Flut von Touristen, die sich so verhalten, als würde das Virus auf den Halligen nicht existieren. Nur mit viel Mühe können wir die Pflicht, eine Mund-Nase-Bedeckung zu tragen, in Geschäften und Restaurants durchsetzen und kassieren dafür Unmut und Beschimpfungen.

Nach einem Gottesdienst kommt eine große Besuchergruppe in unsere kleine Kirche. Die meisten tragen keine »Maske«. Als ich sie darauf hinweise, beschimpfen sie mich und verlassen empört die Kirche. Niemand vermummt sich gern und trägt den »Schnutenpulli«, aber die Verantwortung gegenüber sich selbst und anderen hat Vorrang.

Nachdem endlich wieder das Feiern von Gottesdiensten erlaubt ist, sitzt nur eine kleine Schar in St. Johannis. 16 Besucher und wir Mitarbeiter dürfen teilnehmen. Sonst haben wir im Sommer oft hundert Gäste. Besonders schmerzt die Beschränkung an

Feiertagen wie Ostern, Himmelfahrt und Pfingsten. Ostern findet ohne Frühgottesdienst statt, ohne das gemeinsame Frühstück, ohne Familiengottesdienst, ohne Ostereier sammeln im Pastoratsgarten. Alles fällt flach. Selbst Singen ist nicht erlaubt. Das widerspricht so sehr der lutherischen Tradition, dass es für viele kein »richtiger« Gottesdienst ist. Eine kleine Entschädigung sind die Konzerte, zu denen wir einladen. Die Künstler sind bereit, zweimal hintereinander zu spielen, so kommen doch recht viele in den Genuss, auch wenn die Anzahl der Sitzplätze wegen der Pandemie begrenzt ist.

»Wenn die Hooger nicht in die Kirche kommen können, dann bringen wir die Andacht zu ihnen«, haben wir beschlossen. Der Vertretungspastor und ich ziehen durch die Häuser und bringen den Bewohnern Blätter mit einer Andacht und Gebeten – und natürlich den Segen, auch auf Plattdeutsch. Einmal täglich halten wir eine Telefonsprechstunde ab, um in Kontakt mit denen zu bleiben, die Unterstützung brauchen.

Als der Herbst über unser Land zieht, gibt es neue Beschränkungen. Jetzt trifft es Gastgeberinnen und Gastgeber, Wirte, Kutscher und Souvenirverkäuferinnen nicht mehr ganz so hart. Die Saison ist vorbei und doch wird die Leichtigkeit des Frühjahrs von der Perspektivlosigkeit des Herbstes verdrängt.

Taufen und Konfirmationen verschieben wir noch einmal – auf das nächste Jahr. Ob wir sie dann feiern können?

Auch wenn wir Weihnachten nicht feiern können, fällt es nicht aus – egal, in welchem Jahr wir leben: Jesus ist das Licht in der Dunkelheit. Er steht für Hoffnung und Zuversicht.

Daran erinnert auch das Glockenläuten am Altjahrsabend. Der Klang der christlichen Botschaft bleibt hörbar.

Die Corona-Pandemie hat viel Unruhe ausgelöst. Ich hoffe, dass die Zeit danach wieder unbeschwerter wird.

19
VERTRAUENSVOLL LEBEN

Die Hooger sind keine eifrigen Kirchgänger. Sie kommen an Heiligabend, zu Taufen, Konfirmationen und Hochzeiten ihrer Kinder, Patenkinder und Geschwister ins Gotteshaus und selbstverständlich zu Beerdigungen. Und ihnen ist wichtig, dass im Pastorat Licht brennt, so als würde die Anwesenheit eines Pastors auch Gottes Gegenwart sichern.

Um Kummer, Probleme oder Fragen der Menschen kümmere ich mich oft auf einem Spaziergang oder im morgendlichen Gespräch im Kaufmannsladen. Genauso werden auch Neuigkeiten ausgetauscht: Wer hat was gesagt? Warum musste er zum Festland? Wer hat das getan?

Wenn wir einander begegnen, wird viel gelacht. Wir lachen auf Geburtstagen, über Befindlichkeiten, Erinnerungen und am liebsten über uns selbst. Lachen und lernen, das gehört zusammen.

Bei meinen ersten Hausbesuchen, die zu meinen Aufgaben gehören, bin ich erstaunt, wie aufgeschlossen die Menschen mir begegnen. Manche kennen mich aus Kindertagen. Dass wir uns fast 50 Jahre nicht gesprochen haben, scheint nebensächlich. Ich bin als diejenige, die Sonntags in der Kirche predigt, für die Menschen in der Gemeinde quasi die neue Halligpastorin. Fertig!

Mit manchen spreche ich über alte Zeiten und was sich seitdem alles verändert hat. Diese Gespräche bahnen einen Weg zu ernsteren Themen und ich darf fortan intensiv Anteil nehmen an den Sorgen, Nöten und Freuden der Menschen. Ich glaube, viele sehen in mir eine Mitwissende.

Für die Menschen auf der Hallig ist Gott eine Urgewalt. Sie begegnet ihnen in der Natur und im ewigen Kampf mit ihr. Gott ist allumfassend und selbstverständlich. Niemand trägt seinen Namen ständig auf den Lippen, aber viele leben in dem Bewusstsein, dass »de dor baaben« (der dort oben) den Schlusspunkt setzt. Warum passieren schreckliche und unerklärliche Dinge? Darauf suchen sie keine Antwort. Ihnen genügt, dass Gott einfach da ist.

Als ich wegen meiner Krebserkrankung zu einer zweiten Operation nach Kiel muss, nimmt mich eine alte Dame in den Arm und sagt: »Ik beed för di.« (Ich bete für dich.) Das rührt mich sehr. Mit dieser Offenheit habe ich nicht gerechnet. Ich selbst muss gestehen, dass es mir früher schwerfiel, mit einem solchen

Zuspruch meine eigenen Kinder zu segnen. Bei meinen Enkelinnen ist es mir inzwischen eine Selbstverständlichkeit. Da hat sich etwas in mir geändert. Ich weiß, wie wichtig es ist, jemanden zu segnen.

*

Wenn ich mit meinem Vater frühmorgens auf dem Schiff unterwegs war, sagte er: »Die Menschen verschlafen die schönste Zeit des Tages.« In diesem Moment, wenn die Sonne aufging und der Tag begann, war mein Vater eins mit der Schöpfung – mit Gott und sich im Einklang.

Gott ist in seiner Vielfalt immer gegenwärtig. Er zeigt sich in der Schönheit, die uns umgibt. Die älteren Hooger spüren, dass sie nicht alles selbst in der Hand haben. Es fällt mir schwer zu sagen, was die Jüngeren empfinden. Zwei Hooger Mädchen wollen sich taufen und konfirmieren lassen – das stimmt mich zuversichtlich.

Die Hooger haben nicht viel für Poesie übrig. Wahrscheinlich würden viele das Gedicht »Ich lebe mein Leben« von Rainer Maria Rilke nicht zu Ende lesen. Für mich fasst es dennoch das Gottesverständnis auf der Hallig, inmitten der Naturgewalten zusammen.

»Ich lebe mein Leben in wachsenden Ringen, die sich
über die Dinge ziehn.
Ich werde den letzten vielleicht nicht vollbringen,
aber versuchen will ich ihn.

Ich kreise um Gott, um den uralten Turm,
und ich kreise jahrtausendelang;
und ich weiß noch nicht: bin ich ein Falke, ein Sturm
oder ein großer Gesang.«

Rainer Maria Rilke

20
ECHTE FREIHEIT

»Leewer dood as Slav!«, riefen die Südfriesen vor über 700 Jahren. Niemals wollten sie sich vor einem Herrscher beugen. Um 1840 kam dieser Schlachtruf auch bei den Nordfriesen an, als sie sich gegen die dänische Regentschaft auflehnten.

»Leewer dood as Slav!«, hallt es noch immer in vielen Köpfen. Die Friesen werden sich niemandem unterordnen. Sie wollen unabhängig sein, frei im Denken, Entscheiden und Tun. Es gibt nur einen, vor dem wir uns beugen sollten: Gott, den Schöpfer!

Als Nordfriesin musste ich nicht lernen, unabhängig von anderen zu handeln, denn dieses Denken ist tief in mir verwurzelt. Allerdings musste ich lernen, gelassener zu werden, geduldig zu bleiben und mich selbst einmal zurückzunehmen – immer wieder neu.

Es ist gut zu wissen, dass es vieles gibt, das wir nicht ändern können. Das Wetter und die Gezeiten haben ihren eigenen Rhythmus, oftmals so stur und wild wie die Menschen.

Ich kann die vorgefasste Meinung eines anderen nicht ändern, ich muss sie ertragen. Ist mein Gegenüber abwartend, dann muss ich geduldig bleiben. Ich kann nichts beschleunigen.

Es ist wie mit dem Ostwind, wenn er weht, gibt es Niedrigwasser. Schiffe können nicht fahren und Termine auf dem Festland müssen warten. Man muss gelassen bleiben gegenüber dem Wind und Wasser, genauso wie gegenüber den Menschen.

Dabei gehört Geduld nicht zu meinen Stärken. Wie oft habe ich meinen Kindern und meinem Personal Dinge aus der Hand genommen, weil sie langsam und umständlich hantierten. Ihre Art zu handeln hatte mich rasend gemacht. Ich konnte es schneller, besser und effektiver, oder nicht?

Auf Hooge zwangen mich Natur und Mensch umzudenken. Wenn ich vorschnell handelte oder etwas erzwingen wollte, erreichte ich nur das Gegenteil: Rückzug. Stillstand. Abwehr.

Ich bemühte mich um Gelassenheit und übte mich in Geduld. Es gab viele Gelegenheiten dazu. Meistens dauerte es nicht lange, bis die Hooger in solchen Situationen, in denen ich damit haderte, dass nichts voranging, dann doch auf mich zukamen und wir gemeinsam sprechen, planen und handeln konnten. Mein wertvollster Tipp an Zugereiste lautet: Seid geduldig!

Viele Menschen besuchen die Hallig, weil es hier so schön und idyllisch ist. Einige entschließen sich irgendwann, ganz hierzubleiben und auf der Hallig zu arbeiten. Mit den wildesten Ideen tauchen sie auf und denken, das ließe sich umsetzen, wenn die Hooger nur wollten. Doch die Halligbewohner bleiben unbeeindruckt und grummeln: »Kumm mi nich an'e Farv.« (Komm mir nicht zu nahe.)

Ich habe das erlebt, als mich eine plattdeutsche Theatergruppe fragte, ob ich sie als »Topuuster« (Souffleur) unterstützen möchte. Unsere Zusammenarbeit währte nur eine Saison, weil ich ständig Vorschläge machte, manches kritisierte und verbessern wollte. Danach fragte die Gruppe jemand anderes, der sie so spielen ließ, wie sie wollte. Sie hatten ihre Vorstellung und ich meine, aber beides passte nicht zusammen. Einer musste sich zurücknehmen oder vielmehr: ich musste mich zurücknehmen.

Es gab aber auch Situationen, da war ich diejenige, die sich nicht von den anderen scheuchen ließ. Dann stand ich mitten in einem hitzigen Gespräch auf und erklärte: »Ik kaam wedder, wenn du di beruhigt hest un nich ümmer blots quarkst. Villicht hóörst di denn je ok maal an, wat ik daarto to seggen heff.« (Ich komme wieder, wenn du dich beruhigt hast und nicht immer nur quakst. Vielleicht hörst du dir dann ja auch mal an, was ich dazu zu sagen habe.)

Das wurde mit einem verlegenen Lächeln akzeptiert und beim nächsten Besuch war alles in bester Ordnung. Dann konnten wir einander zuhören und ausreden lassen.

Mit meiner Rückkehr nach Hooge habe ich mein eigenes Versprechen gebrochen. Ich wollte nie an einem Ort wohnen, den man nur mit dem Schiff erreichen kann. Ich wollte nie wieder an einem Ort leben, wo mir die Nachbarn in den Suppentopf schauen können. Ich wollte immer alles sagen, was ich denke, ohne mich zurücknehmen zu müssen. Aber jetzt bin ich genau an diesem einen Ort, der das Gegenteil meines Versprechens ist, und freue mich daran.

»No, du geihst je ok tämli laat to Bett!« (Na, du gehst ja auch ziemlich spät ins Bett!), sagte ein Hooger zu mir. Lachend bestätigte ich es. Für Geheimnisse ist das Land zu flach, die Warft zu eng und die Hallig zu klein. Man sieht schon von Weitem, wenn jemand Besuch bekommt, wer zum »Café Seehund« geht oder erst spät das Licht löscht.

Privat ist auf der Hallig nichts. Es wird viel geredet am »Klönschnack-Tisch« beim Kaufmann oder auf der Fähre. Neuigkeiten werden weitergegeben, ohne die Quelle zu nennen, und wenn man seine Meinung sagen will, versteckt man sie in der Formulierung: »Ik heff höört …« (Ich habe gehört …)

Wenn mein Vater mit seinen Brüdern telefonierte, wurde nie ausgesprochen, was sie wirklich beschäftigte. Geplänkel und Luftblasen waberten durch die Telefonleitung. Konflikte wurden unter den Teppich gekehrt oder mit jemandem besprochen, den es nicht betraf. Letztendlich blieben viele Auseinandersetzungen unbearbeitet.

Ich litt unter alldem, dem Schweigen und Verdrängen, und entschied mich, fortan alles zu sagen, was mich beschäftigte. Oft galoppierten meine Gedanken weit voraus. Und es fällt mir bis heute schwer, mein Mundwerk im Zaum zu halten.

Für die Hooger ist das ungewohnt. Meine Direktheit fordert sie auf, sich mehr mit sich selbst auseinanderzusetzen und sich weniger um die Belange der anderen zu kümmern. Inzwischen haben sie sich daran gewöhnt. Ich bin zwar ihre Tutje, doch vor allem die Vertreterin der Kirche. Als solche akzeptieren sie meine offene und ehrliche Sprache.

Gemeinschaft sollte in so einer kleinen Gemeinde selbstverständlich sein. In der Not ist es das auch. Man hilft einander bei »Land unter«, man borgt sich Gerätschaften aus, bringt Medikamente vom Festland mit oder treibt gemeinsam das Pensionsvieh im Herbst von den Weiden. Doch das Selbstverständliche der Gemeinschaft schwindet. Ich bedaure das und hoffe, dass ich durch mein Reden und Handeln, Predigen und Ermutigen, Schreiben und Anpacken manche Entwicklung, die ich für nicht gut halte, eindämmen kann.

Heute begreife ich, dass ich genau an dem Ort lebe, nach dem ich mich früher immer gesehnt hatte. Hier fühle ich mich verbunden mit den Menschen, mit der Hallig und mit Gott.

Hooge ist mein Kloster unter freiem Himmel. Balsam für die Seele. Geschenkte Freiheit. Betörende Stille.

Nirgendwo ist Gott mir so nah.

Das spüren auch viele Gäste. Sie lassen die Hektik des Alltags hinter sich, um hier in der Einsamkeit, Stille und Weite Geborgenheit zu suchen – und zu finden.

ICH BIN DER GUTE HIRTE

EPILOG

Staunen und Dankbarkeit erfassen mich, wenn ich auf meinen Lebensweg zurückschaue. Es gab aufregende Kreuzungen und schöne Aussichtspunkte, Prachtmeilen und Einbahnstraßen. Für manche Sackgassen war ich verantwortlich, in andere führte mich das Leben. Wieso? Das weiß ich nicht.

Aber ich weiß, dass ich immer diszipliniert und verantwortungsbewusst sein wollte. Ich fügte mich den Erwartungen, die andere und ich an mich hatten. Als Ehefrau, Mutter und Praxisleitung wollte ich alles richtig machen. Es lastete ein großer Druck auf mir. Doch erst seit ich nach Hooge zurückkehrte, spürte ich die Freiheit, nach der ich mich sehnte und die mir aus Kindertagen vertraut war. Das Lebensgefühl, das Martin Luther in seiner Schrift *Von der Freiheit eines Christenmenschen* beschreibt, entspricht mir:

»Ein Christenmensch ist ein freier Herr über alle Dinge und niemand untertan. Ein Christenmensch ist ein dienstbarer Knecht aller Dinge und jedermann untertan.«

Es ist eine widersprüchliche Botschaft – erst hier auf der Hallig habe ich sie wirklich begriffen: Freiheit bedeutet nicht, alles zu tun, was einem selbst gefällt. Freiheit existiert nur im Wechselspiel zwischen Gott, dem Nächsten und mir. Nun fühle ich mich frei und gleichzeitig bemühe ich mich, anderen einen Dienst zu erweisen. Es gelingt mir nicht immer!

Mit der Rückkehr nach Hooge begann für mich ein neues Leben. Das erste Mal war ich als Stellvertreterin für eine Kirchengemeinde verantwortlich und füllte mehrere Ämter gleichzeitig aus: Predigerin, Seelsorgerin, Sekretärin und Organisatorin.

Stundenlang spazierte ich um den Deich, ohne dass mich Termine antrieben. Die Weite der Halligen und Inseln, das Auf und Ab des Wassers und der sich ständig verändernde Himmel mit seinen Vögeln – das tat mir gut.

Ich lernte, den Widrigkeiten zu trotzen und Herausforderungen anzunehmen. So wurde ich Lehrerin, Seelsorgerin und Predigerin auf der Hallig Hooge. Hunderte von Gottesdiensten und Andachten habe ich vorbereitet und gehalten. Seit einer Weile bin ich nun im Ruhestand, aber ich stehe nach wie vor immer einmal wieder auf der Kanzel.

Was kommt?

»Man sollte nicht ängstlich fragen: Was wird und kann noch kommen? Sondern sagen: Ich bin gespannt, was Gott jetzt noch mit mir vorhat.« – so hat es Selma Lagerlöf formuliert.

Eines weiß ich: Ich bin beschenkt von der Hallig, den Menschen und von Gott. Staunen und Dankbarkeit begleiten mich. Gut, dass es so gekommen ist. Der Prediger Salomo sagt im Alten Testament: »Ein jegliches hat seine Zeit, und alles Vorhaben unter dem Himmel hat seine Stunde …«

ÜBER DIE AUTORIN

Gertrude von Holdt wurde 1948 auf der Nordseeinsel Pellworm geboren. Durch den Großvater mütterlicherseits wurde sie christlich erzogen, er brachte ihr auch die Musik und die Liebe zur Natur nahe. Der Großvater väterlicherseits unterstützte diese Erziehung, indem er ihr die Schönheiten seiner Hallig – Hooge – und der See ringsum zeigte.

Als sie mit 15 Jahren aufs Gymnasium kam, blieb sie dem Glauben fest verbunden. Erst im Studium rückten andere Dinge in den Vordergrund und die Kirche blieb bei vielen Lebensentscheidungen so gut wie außen vor. Das änderte sich mit dem Konfirmandenunterricht ihrer vier Kinder. Sie ließ sich in den Kirchengemeinderat wählen und begann, auf Plattdeutsch zu predigen, zunächst ohne Ausbildung. Ihr Mentor – ihr Gemeindepastor und späterer Propst – machte ihr Mut, sich auf die Ausbildung zur Lektorin und Prädikantin einzulassen. Als 2009 auf Hooge dringend eine befristete Vertretung für die Pfarrstelle gesucht wurde, übernahm Gertrude von Holdt diese Aufgabe. Ausgestattet mit dem »pro loco et pro tempore«, der zeitlich befristeten Lehrerlaubnis der Bischöfe der Nordelbischen Kirche, kehrte sie nach 50 Jahren auf die Hallig zurück und blieb – bis heute.

Besuchen Sie uns im Internet:
www.bene-verlag.de

Aus Verantwortung für die Umwelt hat sich die Verlagsgruppe Droemer Knaur zu einer nachhaltigen Buchproduktion verpflichtet. Der bewusste Umgang mit unseren Ressourcen, der Schutz unseres Klimas und der Natur gehören zu unseren obersten Unternehmenszielen. Gemeinsam mit unseren Partnern und Lieferanten setzen wir uns für eine klimaneutrale Buchproduktion ein, die den Erwerb von Klimazertifikaten zur Kompensation des CO_2-Ausstoßes einschließt. Weitere Informationen finden Sie unter: www.klimaneutralerverlag.de

FSC
www.fsc.org
MIX
Papier aus verantwortungsvollen Quellen
FSC® C014496

Originalausgabe März 2022

Ein Imprint der Verlagsgruppe
Droemer Knaur GmbH & Co. KG, München.

Lektorat: Susanne Ospelkaus und Stefan Wiesner
Gestaltung: Maike Michel
Coverfoto: ThomBal/Shutterstock.com
Fotos im Innenteil: Torsten Paris
Druck und Bindung: GGP Media GmbH, Pößneck
ISBN 978-3-96340-180-0

5 4 3 2